CAZA SOSTENIBLE

Justo Covisa

Fundación Caza Sostenible

A mis hijos, Carlos y Marta.

A los miembros de la Fundación Caza Sostenible.

ÍNDICE

1.- APROVECHAMIENTO SOSTENIDO DE LA CAZA

2.- ANTECEDENTES DE SOSTENIBILIDAD Y CAZA SOSTENIBLE

3.- PRINCIPIOS DE CAZA SOSTENIBLE

4.- ¿QUÉ ES LA CAZA SOSTENIBLE?

5.- INSTRUMENTOS PARA UNA CAZA SOSTENIBLE

6.- CAZA SOSTENIBLE: SOSTENIBILIDAD, CONSERVA-CIÓN, ÉTICA Y TRANSPARENCIA

REFERENCIAS BIBLIOGRÁFICAS

CAPÍTULO 1º

APROVECHAMIENTO SOSTENIDO DE LA CAZA

1.1.- La caza es un recurso natural renovable

1.2.- *Harvesting Theory*. El aprovechamiento sostenido de los
recursos naturales renovables

1.3.- Máximo Rendimiento Sostenido (MRS)

1.4.- Estrategias de aprovechamiento cinegético

1.5.- Estado de Carga Ordenada

1.6.- Fórmula general de ordenación cinegética

1.7.- Establecimiento del Estado de Carga Ordenada
y del Máximo Rendimiento Sostenido (MRS) en un
aprovechamiento cinegético. Ejemplo

1.8.- Gestión Cinegética Adaptativa

1.9.- Del rendimiento sostenido a la caza sostenible

La caza es un recurso natural renovable susceptible de aprovechamiento sostenido. A pesar de lo cual muchas veces ha sido sobreexplotado y, actualmente, artificializado. Para evitar el uso inadecuado de la caza debe realizarse un aprovechamiento sostenido.

El conocimiento científico para realizar un aprovechamiento sostenido de los recursos naturales renovables bióticos tiene ya una larga tradición. El ideal de este aprovechamiento ha sido conseguir el máximo rendimiento sostenido (MRS) de estos recursos en el tiempo. Sin embargo, en la caza ya no es suficiente solo con esto. La caza se enfrenta a nuevos problemas que es necesario solventar. Actualmente, la caza no solo debe aprovechase obteniendo un rendimiento de manera sostenida, sino que debe evolucionar para instalarse en el paradigma de nuestra época y ser plenamente una caza sostenible.

1.1.- La caza es un recurso natural renovable

Se entiende por **recurso natural** cualquier bien (tanto biótico como abiótico) procedente de la naturaleza, susceptible de ser aprovechado por el hombre para satisfacer sus necesidades (Simmons, 1974; Origgi, 1983; Elcome, 1998)

Dependiendo del tiempo que tardan en producirse o regenerarse, los recursos naturales pueden ser renovables o no renovables. Mientras que los no renovables necesitan un tiempo para su producción o regeneración tal que supera ampliamente la escala temporal humana, los renovables lo hacen en un tiempo a escala humana.

Los **recursos naturales renovables** son aquellos que, inicialmente, no se agotan con su utilización. Algunos de ellos pueden considerarse perpetuos, pues no dependen de su tasa de utilización por el hombre, estando siempre disponibles. Sería el caso, por ejemplo, de la luz solar o del viento. Sin embargo, la mayoría de los recursos naturales renovables dependen de una tasa de aprovechamiento determinada que permita su renovación para utilizarse de manera continua en el tiempo. Si se supera este nivel de utilización, el recurso disminuye y llega a agotarse si se perpetua en el tiempo un nivel de uso superior a su capacidad de renovación (Sepúlveda, 1998; Harris y Roach, 2013)

Los recursos naturales renovables, por tanto, tienen un determinado umbral o nivel de utilización que no debe ser superado para poder mantener su capacidad de satisfacer las necesidades humanas de manera continuada en el tiempo. Esta capacidad de uso, utilización o aprovechamiento es lo que se conoce como **uso sostenible** (Prins *et al.*, 2000; Schellnhuber, 2001; Hutton y Leader-Williams, 2003; Bennet, 2004; Castellanos, 2007; Milner-Gulland y Mace, 2009)

La caza es un recurso natural renovable (Cassinello, 2013) que puede satisfacer determinadas necesidades humanas, fundamentalmente utilitarias o recreativas[1] (Ortega, 1943) de manera indefinida en el tiempo siempre que su tasa de utilización no supere su tasa de renovación. Las especies cinegéticas, por tanto, como recurso natural renovable, son susceptibles de aprovechamiento.

La **Unión Internacional para la Conservación de la Naturaleza (UICN)** en el año 2000 en el documento denominado *Declaración de política de la UICN acerca del uso sostenible de los recursos vivos silvestres* (UICN, 2000) y el **Convenio sobre la Diversidad Biológica (CDB)** en el año 2004 a través del documento denominado *Principios y Directrices de Addis Abeba para la utilización sostenible de la diversidad biológica* (CBD, 2004), establecen claramente el legítimo uso de los recursos naturales vivos silvestres (entre los que se encuentra la caza) de manera sostenible para atender a las necesidades humanas de manera permanente y para contribuir al mismo tiempo a la conservación de la diversidad biológica.

El **Consejo de Europa** a través del Comité Permanente del **Convenio de Berna** sentencia ya definitivamente en 2007 en el documento denominado *Carta Europea sobre Caza y Biodiversidad* (Brainerd, 2007) que la caza es un recurso natural renovable susceptible de aprovechamiento sostenible, con el cual se atiende a legítimas necesidades humanas y se contribuye a la conservación de la biodiversidad, entre la que se encuentran las especies, los ecosistemas y la diversidad genética.

En España, así lo entiende también explícitamente la **Ley 42/2007, del Patrimonio Natural y de la Biodiversidad** (BOE, 2007), cuando en su artículo 3.30, establece como definición de recurso natural: *todo componente de la naturaleza, susceptible de ser provechado por el ser humano para la satisfacción de sus necesidades y que tenga un valor actual o potencial, tales como: el paisaje natural, las aguas, superficiales y subterráneas; el suelo, subsuelo y las tierras por su capacidad de uso mayor: agrícolas, pecuarias, forestales, **cinegética** y de protección; la*

---

[1].- Utilitaria, como alimento, para consumo de la carne, sea para autoconsumo o para ser vendida o cambiada por otro bien. Recreativa, por la satisfacción del propio ejercicio cinegético.

biodiversidad; la geodiversidad; los recursos genéticos, y los ecosistemas que dan soporte a la vida; los hidrocarburos; los recursos hidroenergéticos, eólicos, solares, geotérmicos y similares; la atmósfera y el espectro radioeléctrico, los minerales, las rocas y otros recursos geológicos renovables y no renovables. [El subrayado es nuestro]

Actualmente, la caza, si se aprovecha y gestiona de manera sostenible, está ya plenamente reconocida por las principales instituciones y organizaciones internacionales de primer nivel en cuanto a su capacidad de satisfacer legítimas necesidades humanas y como instrumento fundamental de conservación de la biodiversidad (Paulson, 2009)

La caza es un recurso natural renovable susceptible de aprovechamiento sostenible para satisfacer legítimas necesidades humanas, a la vez que constituye un instrumento fundamental para la conservación de la biodiversidad.

Sin embargo, históricamente la caza también ha sido una actividad negativa para la conservación de la biodiversidad. Una extracción excesiva de las especies cinegéticas da lugar a un deterioro de sus poblaciones (Caughley, 1992; Caughley *et al.*, 1996; Cooper, 1998; Weinbaum *et al.*, 2013) llegando en algunos casos extremos al exterminio total de la población (Roth y Merz, 1997; Adams, 2009). En este sentido, la caza así ejercida es una actividad insostenible que degrada la diversidad biológica. Actualmente también lo es la intensificación y artificialización de la caza a través de intervenciones de manejo ganadero. Ambas formas en conjunto, sobreexplotación y artificialización, dan lugar a efectos claramente negativos de la caza sobre la biodiversidad. Por el contrario, cuando ha existido una utilización adecuada, la caza ha sido un instrumento de conservación de las poblaciones y, sobre todo, de conservación de los hábitats frente a otras actividades humanas más impactantes (Freese, 1997; COE, 2004; Lindsey *et al.*, 2007; Rengifo, 2010)

Globalmente se comprueba que la caza, dependiendo de cómo se lleve a cabo, puede ser una actividad tanto negativa como positiva para la conservación.

1.2.- *Harvesting Theory*. El aprovechamiento sostenido de los recursos naturales renovables

Para evitar los aspectos negativos de la caza, su aprovechamiento debe estar basado en la sostenibilidad como recurso natural renovable. La sostenibilidad es el eje que vertebra el uso y la gestión de la caza.

Internacionalmente, el conocimiento científico aplicado al aprovechamiento de los recursos naturales renovables bióticos se conoce como *harvesting theory* (Leopold, 1933; Clark, 1976; Caughley, 1977; Getz y Haight, 1989; Milner-Gulland y Mace, 2009). Sus postulados explican cómo realizar un uso sostenible de estos recursos. Todos los recursos naturales sostenibles bióticos tienen similitud de comportamiento a la hora de ser aprovechados por el hombre. Por ello, el conocimiento científico aplicado a su explotación se utiliza para explicar el aprovechamiento de cualquier recurso natural renovable de este tipo, entre los que se encuentra la caza. Inicialmente se utilizó aplicado al aprovechamiento de la pesca comercial (Gordon, 1954) y aunque explica suficientemente bien las bases teóricas del aprovechamiento de todos los recursos naturales renovables de tipo biótico, cada recurso tiene sus particularidades que es necesario contemplar (Skonhoft, 2013).

Para conocer cuánto se puede extraer en una población y evitar la sobreexplotación de los recursos naturales renovables, la literatura científica se basa en modelos matemáticos que describen el comportamiento de las poblaciones naturales aprovechadas por el hombre. El modelo más comúnmente utilizado para ello es el denominado modelo logístico (Begon *et al.*, 1999; Ulloa y Rodríguez, 2010).

El modelo de crecimiento logístico de la población se basa en establecer cómo crece una población hasta alcanzar la capacidad de carga[2] de su medio, momento en el cual alguno de los recursos necesarios para esa población o algún factor que influye sobre ella limita su crecimiento. Alcanzada la capacidad de carga la población no crece, aunque se puede mantener estable en el tiempo siempre que los factores que influyen en la densidad de esa población no varíen. Los factores que influyen en la densidad de la población pueden ser tanto bióticos (por ejemplo, predación, enfermedades, competencia intra e interespecífica…) como abióticos (condiciones climáticas extremas, incendios, inundaciones…). Debido a que los factores bióticos suelen tener relación con la densidad,

---

2.- Es importante señalar que mientras que la capacidad de carga lo es del medio, la carga lo es de la población. Aunque a efectos prácticos descriptivos ambos términos, carga y capacidad de carga, se equiparan y se suele utilizar capacidad de carga referida a la población. La capacidad de carga es la máxima carga o máximo número de individuos de una especie que el ambiente puede mantener.

se denominan usualmente factores dependientes de la densidad o densodependientes. Los abióticos se denominan factores independientes de la densidad o densoindependientes.

Cuando el tamaño de la población alcanza la capacidad de carga (*K*), el máximo número de individuos de una especie que el ambiente puede mantener, el crecimiento se detiene. La representación de este modelo de crecimiento genera una curva de crecimiento sigmoidea o en forma de *S*.

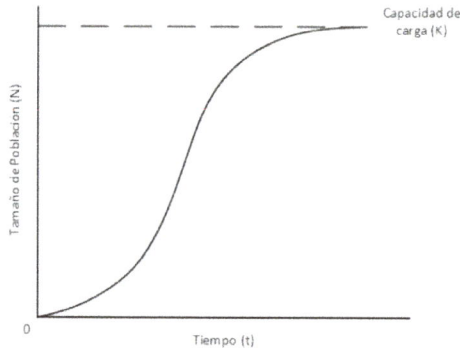

Figura 1: Representación del crecimiento de una población que sigue el modelo logístico hasta alcanzar la capacidad de carga (curva logística)

El modelo logístico se ha planteado para explicar las formas de crecimiento de las poblaciones cuando las condiciones ambientales existentes lo limitan. Una población crece hasta alcanzar su capacidad de carga, momento a partir del cual el crecimiento se detiene. Puesto que a la capacidad de carga el tamaño de la población es constante, las tasas de nacimientos se igualan a las de muertes y el crecimiento de la población es cero. Un determinado ambiente solo puede mantener un número máximo de individuos de una especie. Matemáticamente se expresa a través de la denominada ecuación logística (Verhulst, 1838; Bacaër, 2011):

$$\frac{dN}{dt} = rN\left(\frac{K - N}{K}\right)$$

Reordenando la ecuación logística para establecer una relación más evidente entre el tamaño de la población y su tasa de crecimiento, se obtiene (Molles, 2006):

$$\frac{dN}{dt} = rN(1 - \frac{N}{K})$$

En esta expresión, el crecimiento de la población (dN/dt) disminuye según aumenta su tamaño, ya que el factor $(1 - N/K)$ decrece en una fracción cada vez menor hasta que el tamaño de la población (N) se iguala a la capacidad de carga (K). Cuando el tamaño de la población (N) es igual a la capacidad de carga (K), las tasas de nacimientos y muertes se igualan y la tasa de crecimiento de la población (r) es igual a cero.

Figura 2: Representación de la disminución del crecimiento de la población en el modelo logístico según aumenta su tamaño. Al llegar a la capacidad de carga (k), el crecimiento de la población cesa

La ecuación logística establece que una población crece hasta llegar a la capacidad de carga de su medio, momento a partir del cual su crecimiento es igual a cero. Por el contrario, a la mitad de capacidad de carga ($K/2$) el crecimiento de la población es máximo ($N\ max = K/2$).

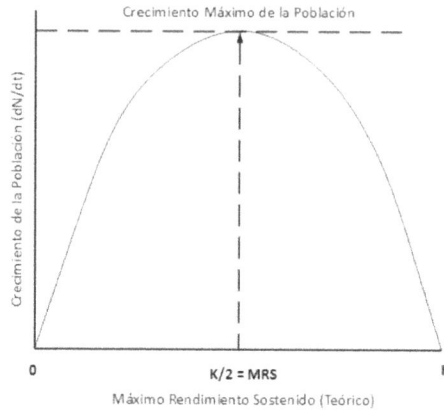

Figura 3: Representación del crecimiento en una población que sigue el modelo de crecimiento logístico. En el modelo, el máximo crecimiento se produce a la mitad de la capacidad de carga (K/2)

Evidentemente, el modelo de crecimiento logístico, como cualquier modelo, es una abstracción de la realidad. En la realidad, el máximo crecimiento no se da siempre a la mitad de la capacidad de carga, sino que varía de una especie a otra y, en una misma especie, varía también según sean los parámetros de la dinámica poblacional de esa especie en cada ambiente (Gerrodette y DeMaster, 1990; Skalski et al, 2010). Sin embargo, lo que sí explica muy bien el modelo de crecimiento logístico aplicado al aprovechamiento de la caza, es que para obtener el máximo rendimiento sostenido de una población cinegética natural explotada mediante extracción, hay que llevarlo a cabo cuando mayor sea el crecimiento de esa población (Leader-Williams, 2008).

1.3.- Máximo Rendimiento Sostenido (MRS)

La literatura científica describe como el ideal de una explotación de recursos naturales bióticos el **Máximo Rendimiento Sostenido (MRS)** o **Rendimiento Máximo Sostenido (RMS)**[3] de un aprovechamiento (**Maximum Sustained Yield, MSY,** en la literatura en inglés) (Caughley *et al.*, 1996; Freese, 1997; Milner-Gulland *et al.*, 2009). El máximo

---

[3].- En español, la expresión **Maximum Sustained Yield (MSY)** se denomina, indistintamente, **Máximo Rendimiento Sostenido (MRS)** o **Rendimiento Máximo Sostenido (RMS)**

rendimiento sostenido constituye el ideal de cualquier aprovechamiento cinegético. El máximo rendimiento sostenido del aprovechamiento es, a la vez, el máximo rendimiento económico, social y ambiental.

En una población explotada cinegéticamente, el modelo logístico explica la relación existente entre su crecimiento, la capacidad de carga y el rendimiento máximo sostenido de la población cazada. Ya que el crecimiento de una población aprovechada cinegéticamente es fundamental para establecer su productividad, cuanto mayor sea su crecimiento mayor será su rendimiento.

El crecimiento de una población se basa fundamentalmente en su reclutamiento neto (número de nacimientos menos número de muertes). Puesto que, como se observa en el modelo logístico, el reclutamiento neto varía con la densidad, el mayor rendimiento de un aprovechamiento cinegético se dará cuando el tamaño de una población de lugar a su mayor crecimiento posible (Leader-Williams, 2008). El reclutamiento neto depende del tamaño de la población, siendo máximo el reclutamiento cuando el tamaño de la población da lugar a la capacidad de carga. Por tanto, el máximo rendimiento sostenido se producirá cuando la población tenga ese tamaño. **La mayor productividad (máximo rendimiento sostenido) de una población cinegética se produce cuando su tamaño da lugar a un crecimiento que alcanza la capacidad de carga.** Obtener cuál es este tamaño ideal de la población cinegética en cada caso constituye la clave de su aprovechamiento cinegético.

Por tanto, **para conseguir el máximo rendimiento sostenido (MRS) posible hay que obtener la capacidad de carga en el momento de la extracción de caza, reduciendo después de su extracción el tamaño de la población al número adecuado en el que la especie cazada, según sus características específicas biológicas de dinámica de población y de circunstancias de su medio, de lugar de nuevo por su crecimiento a la capacidad de carga para obtener en el próximo aprovechamiento el máximo rendimiento sostenido.**

Gráficamente se puede representar como una oscilación en forma de onda constante en el tiempo, mientras no cambien los factores que determinan la carga de la población. Esta oscilación entre la carga ordenada máxima ($K_{o\ max}$) y la carga ordenada mínima ($K_{o\ min}$) dará lugar al máximo rendimiento sostenido del aprovechamiento cinegético.

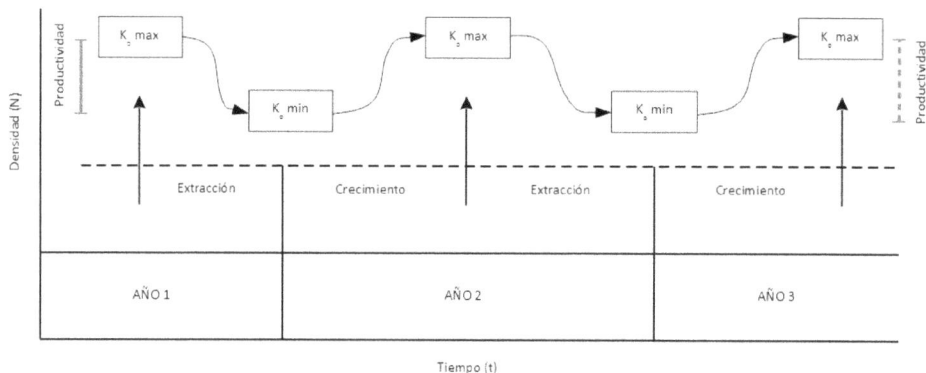

Figura 4: Representación en forma de onda de la oscilación de la carga ordenada en la obtención del Máximo Rendimiento Sostenido (MRS) del aprovechamiento cinegético.

La amplitud de onda de pico a pico (la diferencia entre la capacidad de carga y el tamaño de la población reproductora necesaria para obtenerla, o lo que es lo mismo, entre la carga ordenada máxima y la carga ordenada mínima) varía de una especie a otra y, en la misma especie, según su productividad concreta en la unidad en ordenación. A mayor amplitud de onda, mayor productividad. Las especies estrategas de "r" tienen una mayor amplitud de onda que las especies estrategas de "K", lo que indica que cada especie alcanza su máxima productividad no a la mitad de la capacidad de carga, sino en un determinado punto en cada caso dependiendo de sus circunstancias de dinámica poblacional y específicas de hábitat. Hallar este punto en cada caso es fundamental para establecer adecuadamente el máximo rendimiento sostenible de esa especie en ese concreto ambiente.

1.4.- Estrategias de Aprovechamiento Cinegético

Independientemente del MRS, también son sostenibles otras estrategias de aprovechamiento cinegético, ya que cualquier aprovechamiento que esté por debajo del MRS es sostenible. Sin embargo, incumplirán el principio de obtención del máximo rendimiento sostenido, y por tanto de la optimización económica, social y ambiental del aprovechamiento del recurso.

No obstante, la literatura científica referida al aprovechamiento de los recursos naturales renovables bióticos, para evitar la sobreexplotación, normalmente no recomienda como objetivo de explotación el máximo rendimiento sostenido (Getz y Haight, 1989; Rothschild y Jiao, 2013). Esto se debe al contemplar otras variables que pueden intervenir cuando las condiciones del aprovechamiento no están suficientemente bien establecidas o de procesos estocásticos que den lugar a variaciones aleatorias de los factores que influyen en el crecimiento de una población (normalmente de tipo densoindependiente, sobre todo de carácter climático). También se debe a la recomendación de la aplicación del **principio de precaución,** entendido aquí en un sentido amplio como enfoque o criterio de precaución[4] (Cooney, 2004; Dickson y Cooney, 2005), para evitar la sobreexplotación ante los sesgos que producen los datos no siempre suficientemente acertados.

Aunque la teoría del aprovechamiento sostenido (*harvesting theory*) se aplica en conjunto a todo tipo de poblaciones biológicas naturales susceptibles de aprovechamiento, muchas de las circunstancias que contempla suelen afectar más a la explotación de otros recursos naturales, especialmente a la pesca comercial marítima por sus propias características, de la que deriva fundamentalmente esta teoría. Lo cual no siempre atañe estrictamente a otros recursos, ya que cada uno de ellos tiene sus especificidades que es necesario contemplar. Por todo lo cual, no siempre lo recomendado de manera estandarizada para cualquier recurso es siempre totalmente adecuado al caso concreto de la caza.

En todo caso, en un aprovechamiento cinegético bien establecido, una adecuada gestión adaptativa (Hollings, 1978; Walters, 1986) puede hacer frente siempre a las incertidumbres en los datos y a las variaciones estocásticas que se presenten. Además, la gestión cinegética adaptativa en sí misma debe basarse constantemente en el principio de precaución (Rosser *et al.*, 2005), entendida en un sentido amplio de "*actuación cuidadosa*". Por tanto, no hay nada que impida que la ordenación cinegética y su consecuente gestión adaptativa estén proyectadas siempre a la consecución del MRS. Otra cosa es que se incumplan estas premisas. Si se da esta situación, se deben contemplar también otras alternativas.

Para regular el aprovechamiento sostenido de la caza y evitar la sobreexplotación, las diferentes fórmulas que se establecen para ello se dividen fundamentalmente en cuatro tipos (De Lara y Doyen, 2008; Milner-Gulland y Mace, 2009):

1. **Cuota constante**. Aprovechamiento de una cuota fija para cada ciclo extractivo a lo largo del periodo de ordenación.

   En una ordenación cinegética, consiste en la tasa de aprovechamiento resultante de los cálculos de ordenación. En este

[4] El **Principio de Precaución** en sentido estricto implica jurídicamente un concepto mucho más complejo que el que se quiere utilizar aquí, empleado en un sentido de simple precaución preventiva sin otra connotación que la de "actuación cuidadosa".

caso, cuando se emplea la fórmula de cuota constante se asume que los datos y sus respectivos cálculos son correctos y se aplican a todo el periodo de ordenación (en España, normalmente cinco años). No se tienen en cuenta las variaciones anuales y se presupone la certeza en los datos poblacionales.

Esta es la fórmula de aprovechamiento cinegético normalmente propuesta en los planes técnicos de caza en nuestro país.

2. **Esfuerzo constante**. Aprovechamiento a partir de un esfuerzo predeterminado constante de extracción.

El aprovechamiento resultante se basa en establecer formas de cazar que den como resultado una determinada cuota dependiente de la densidad real existente de las poblaciones cinegéticas. Los postulados teóricos sobre los que se asienta esta forma de aprovechamiento se basa en la relación existente entre el tamaño real de la población cazada y el resultado conseguido utilizando un mismo esfuerzo de caza. Se considera que a igual esfuerzo de caza, un mayor tamaño de población dará como resultado una mayor extracción, y viceversa.

La utilización de esta fórmula de aprovechamiento se ajusta a las variaciones anuales de la población, independientemente de cuales sean estas. En ella se asume, al menos inicialmente, que la carga de la población es la correcta.

Su dificultad deriva de establecer adecuadamente el esfuerzo de caza apropiado. Otro problema radica en que el esfuerzo de caza debe ser constante y no puede ser aumentado ante unos rendimientos menores de los esperados o deseados. Lo cual invalidaría este método, puesto que el esfuerzo de caza no siempre sería el mismo y dependería de los resultados obtenidos y no de la densidad de caza, con el evidente riesgo de sobreexplotación.

Fórmulas típicas para este tipo de aprovechamiento son el establecimiento de un número determinado de días de caza, horarios concretos de caza dentro de los días de caza, número máximo de cazadores por día de caza, etc.

También suele ser este modelo práctica común en los planes técnicos de caza. Muchas veces utilizado en ellos para el aprovechamiento de una misma especie a la par que la cuota constante, aunque nunca deberían coincidir para una misma especie, durante un mismo periodo y para una misma modalidad de caza, puesto que se basan en postulados teóricos distintos (Leader-Williams, 2008).

3. **Proporción constante**. Aprovechamiento de un porcentaje anual de la población en función de su tasa de crecimiento.

   El aprovechamiento se basa en el crecimiento real de la población en cada temporada de caza, ajustándose a él. Es la forma de aprovechamiento más adecuada siempre que se tengan datos suficientes de los parámetros poblacionales. La existencia de datos suficientes necesita de una gestión que permita obtener los datos.

   Para obtener el Máximo Rendimiento Sostenido (MRS) es la fórmula de aprovechamiento más adecuada de todas. También constituye el soporte teórico del aprovechamiento anual en la gestión cinegética adaptativa. Así como para la obtención del estado de carga ordenada y, en definitiva, para la sostenibilidad continua del recurso.

4. **Escape regulado**. Aprovechamiento de los individuos de una población que cumplen unas determinadas características.

   El aprovechamiento se basa solo en la parte de la población que cumple las características establecidas para ello. Por ejemplo, en especies de caza mayor en las que se caza solo machos a partir de un determinado tamaño de cuernas.

   En sí mismo constituye un método que inhibe la sobreexplotación de la población. Sin embargo, no está exento de problemas ya que el sesgo constante sobre solo una parte de la población puede incidir negativamente sobre el conjunto.

ESTRATEGIAS DE APROVECHAMIENTO CINEGÉTICO	CARACTERÍSTICAS DEL APROVECHAMIENTO
Cuota Constante	Cuota fija para cada ciclo extractivo durante todo el periodo de ordenación
Esfuerzo Constante	Esfuerzo predeterminado constante de extracción igual para todo el periodo de ordenación
Proporción Constante	Porcentaje de la población variable anualmente según su crecimiento
Escape Regulado	Solo individuos de una población que cumplen determinadas características

Tabla 1: Estrategias de Aprovechamiento Cinegético

Como se puede observar, normalmente en un aprovechamiento cinegético debe intentarse siempre la consecución del MRS y solo si no es posible se puede adoptar otra estrategia de aprovechamiento. El procedimiento práctico recomendable a seguir consiste en:

- Si se obtienen los datos necesarios y se adopta la gestión cinegética adaptativa, intentar siempre el MRS.

- Si no es viable lo anterior, establecer una estrategia prudencial basada en calcular el MRS, rebajando su aprovechamiento en un determinado porcentaje (variable, dependiendo de la incertidumbre de los datos) para obtener el mayor rendimiento posible e ir aumentando progresivamente hasta el MRS si los datos de capturas de varios años sucesivos y otros indicadores indirectos también utilizados no muestran que se ha sobrepasado el MRS.

1.5.- Estado de Carga Ordenada

Para obtener el máximo rendimiento sostenido, en una ordenación cinegética es fundamental establecer cuál va a ser la carga final (carga ordenada) que se va a llegar a tener como resultado de dicha ordenación. Se trata de la finalidad que se quiere alcanzar a través de la ordenación: el **estado de carga ordenada** (Covisa, 1998).

El estado de carga ordenada constituye el fundamento de toda ordenación en tanto su objetivo último sea conseguir un máximo rendimiento sostenido del aprovechamiento constante en el tiempo.

Al realizar la ordenación cinegética de una unidad de gestión de caza, el documento de ordenación resultante[5] debe establecer como objetivo de la ordenación la obtención del máximo rendimiento sostenido (MRS). Para ello, es imprescindible establecer cuál es la capacidad de carga de la unidad de gestión una vez alcanzado el tamaño de la población establecido como objetivo de ordenación (**carga ordenada**). Sobre esta capacidad de carga es sobre la que hay que trabajar en una ordenación cinegética para establecer las tasas de aprovechamiento de las especies cinegéticas (su rendimiento máximo sostenido). Sin establecer la capacidad de carga del medio para cada especie, no es posible hacer una ordenación adecuada. Entendiendo como la más adecuada aquella que quiere obtener el MRS.

Para realizar una correcta ordenación cinegética basada en la obtención del máximo rendimiento sostenido del aprovechamiento, es totalmente imprescindible establecer la capacidad de carga que se quiere llegar a tener cuando se alcance el estado de carga ordenada. Independientemente de lo cual, si por cualquier circunstancia se elige llevar a cabo otra estrategia de explotación que no sea la consecución del MRS, también es indispensable conocer la capacidad de carga del medio para cada una de las poblaciones cinegéticas en ordenación.

La sostenibilidad en la caza exige un aprovechamiento sostenido en el tiempo sin sobrexplotación, para lo cual se hace imprescindible saber cuál es la carga adecuada de una población cinegética en un medio determinado. Sin conocer este dato, es imposible saber si la población se encuentra sobreexplotada o no, y por tanto, conocer su sostenibilidad.

Por tanto, en todo caso es obligatorio conocer la carga adecuada en cada medio (sea carga ordenada en los que hay actuaciones directas de gestión, o carga natural en los que no se da esta gestión) para poder evaluar qué debe cazarse sin incurrir en sobreexplotación.

Establecer la capacidad de carga del medio para cada población cinegética es fundamental. Para ello es necesario tener buenos datos para

---

[5].- En España, normalmente denominados de manera genérica **Planes Técnicos de Caza**. Son de carácter obligatorio y se presentan ante la administración para su aprobación.

acercarse lo más posible a su correcto establecimiento. Sin embargo, no siempre se tienen esos datos en el momento de realización de la ordenación. Lo cual no elimina la obligación de su elaboración a nivel de proyecto de ordenación cuando no se tienen estos datos, ya que es absolutamente necesaria establecerla en el proyecto en cuanto documento de gestión para poder realizar correctamente todos los cálculos de ordenación. Posteriormente, en una correcta ejecución de la ordenación a través de la gestión cinegética, los datos obtenidos para el proyecto se deben ir afinando a través de una gestión adaptativa flexible basada en los parámetros anuales cambiantes en cada caso y en los datos obtenidos por los métodos indirectos de obtención de la capacidad de carga.

La capacidad de carga del medio en ordenación (la unidad de gestión, en España normalmente un coto) es el máximo número de individuos de una especie que ese territorio puede sostener sin detrimento del medio ni alteración de los parámetros biológicos, estructurales y dinámicos normales de esa especie. A esa población resultante la denominamos **carga ordenada**, puesto que es el resultado de la máxima carga de individuos de una especie que queremos llegar a tener como población pre-caza en la unidad en ordenación. Se entiende como carga ordenada la densidad ideal o máximo tamaño poblacional sostenido que puede alcanzar una especie en un espacio en ordenación una vez recibidas todas las medidas de gestión establecidas para llegar a ello. Esto es, al alcanzar el estado de carga ordenada.

En el caso de que en el territorio en ordenación no se realizase ninguna actuación de gestión encaminada a aumentar la capacidad de carga del medio en ordenación, se estaría hablando de **carga natural**, **carga normal** o **carga potencial**, aquella que el medio sostiene por sí misma según sus capacidades sin ningún tipo de actuación de gestión que mejore su capacidad de carga. Sin embargo, el concepto de carga natural o carga normal es discutible en un aprovechamiento cinegético en medios intervenidos por el hombre con otros muchos usos y aprovechamientos paralelos al cinegético, en el que a su vez se van a incluir actuaciones de gestión derivadas de la propia ordenación cinegética. Todo lo cual influirá siempre determinantemente en la carga del medio, incluida la propia intensidad de extracción cinegética. Esto impide establecerla como una carga o valor normal dependiente de las calidades teóricas del medio, ya que variaran enormemente en función de los otros aprovechamientos (y de cómo se lleven a cabo) existentes en el mismo espacio, así como de las actuaciones de gestión que se realicen derivadas de la ordenación. Por ello, no resulta un concepto práctico para emplear en la ordenación de recursos cinegéticos por su misma inconsistencia y variabilidad. Mucho más práctico resulta establecer la carga del espacio cinegético en ordenación en función de sus posibilidades y de las actuaciones que derivan de la propia ordenación. Las cuales darán lugar en el tiempo, en este caso sí, a una capacidad de carga determinada que sí es cuantificable y válida para trabajar sobre ella su aprovechamiento.

Al aplicar en una ordenación el estado de carga ordenada, en el caso en el que no se vaya a realizar ningún tipo de actuación que aumente o disminuya la carga natural, bien porque ya se encuentra en estado de carga ordenada, o bien por imposibilidad de algún tipo, se considera que esa carga es ya la carga ordenada del coto.

En todo caso, lo que nunca debería hacerse es tratar sin más la carga actual, la carga existente en el momento de la ordenación, como la carga adecuada, sin evaluar si está sobreexplotada o no. Nunca se debería utilizar la carga existente sin más como la carga natural del medio, sin evaluar si está por debajo de la capacidad de carga, ya que podría encontrarse sobreexplotada. Establecer en este caso las cuotas de extracción sin un adecuado sacrificio de ordenación que permita recuperar la población, mantendría la sobreexplotación, y por tanto, la insostenibilidad. Igualmente, en el caso en que exista una sobrecarga poblacional, hay insostenibilidad. También es imprescindible recuperar la sostenibilidad del recurso aplicando un adecuado beneficio de ordenación en las cuotas de extracción resultantes.

Para hallar el máximo rendimiento sostenido (MRS) de un espacio cinegético, se procede en primer lugar a establecer la carga ordenada máxima o capacidad de carga que tendrá en el momento de alcanzar sus objetivos de densidad cinegética al llegar al estado de carga ordenada.

La carga ordenada que finalmente se va a llegar a tener como resultado de la ordenación debe establecerse con un máximo y un mínimo. El máximo corresponde a la población pre-caza y el mínimo a la población existente después del aprovechamiento cinegético en época pre-reproductiva. La carga ordenada de poblaciones cinegéticas sometidas a una extracción de un rendimiento máximo sostenido debe entenderse siempre como un tamaño de población con un máximo y un mínimo. El máximo corresponde al mayor tamaño posible de población que se puede llegar a tener sin detrimento del medio ni alteración de los parámetros poblacionales normales de la especie. Este máximo se compone de la población existente en época de reproducción, más los individuos que se incorporan, o reclutamiento neto, menos la mortalidad que ha afectado a los adultos de la población inicial. El mínimo se corresponde con la población existente después de caza una vez detraído el número aprovechado cinegéticamente. A partir de esta carga ordenada mínima se obtendrá por su productividad la carga ordenada máxima que dará lugar a un máximo rendimiento sostenido del recurso. La carga ordenada mínima es la población que dará lugar por su crecimiento a la carga ordenada máxima.

La **productividad** de una población aprovechada cinegéticamente depende en cada caso del reclutamiento neto y de la mortalidad de adultos en un determinado ambiente. A mayor reclutamiento y menor mortalidad, mayor productividad. De la productividad de una población cinegética depende la capacidad de generar caza. En igualdad de tamaño poblacional, una mayor o menor productividad conlleva una mayor o menor cantidad de caza a conseguir.

La carga ordenada máxima o capacidad de carga en el momento de extracción cinegética debe establecerse a partir de datos propios de censos y datos de capturas cuando estos datos se tienen y son de suficiente fiabilidad; o bien de datos de espacios con condiciones biológicas y de medio similares al territorio en ordenación, cuando no se tienen datos propios. En todo caso se entiende que es una aproximación a la realidad (mayor o menor cuanto más fiabilidad y precisión tengan los datos con los que se trabaja) pero totalmente necesaria para realizar los cálculos en el proyecto de ordenación del máximo rendimiento sostenible, los cuales se irán afinando a través de una gestión adaptativa en el tiempo.

Si se quiere obtener el MRS, establecer la carga ordenada a nivel de ordenación de un coto es totalmente imprescindible para poder realizar todos los cálculos de ordenación. Sin determinar esta variable, todos los cálculos son imposibles porque no se puede establecer un plan de aprovechamiento sostenible de las especies cinegéticas técnicamente correcto.

La carga ordenada finalmente adecuada normalmente solo puede establecerse mediante un seguimiento continuado de la situación de un coto, evaluando con persistencia suficiente todos los parámetros necesarios. Para ello, la **gestión cinegética adaptativa** utilizada en cada ciclo extractivo, apoyada en los datos y en los métodos indirectos de seguimiento[6], se muestra una vez más como la fórmula más adecuada para ir consiguiendo en el tiempo el aprovechamiento máximo sostenido al establecer con suficiente certeza por aproximaciones sucesivas la carga ordenada más acertada.

Además de la capacidad de carga, obviamente también es necesario conocer la **carga actual** (*Ka*) del territorio en ordenación. Se trata del dato de tamaño de población del que partimos en el momento en el que se realiza la ordenación del coto para alcanzar la carga máxima (capacidad de carga o carga ordenada máxima). La carga actual puede ser inferior, igual o superior a la carga ordenada. En cada caso se procederá para aumentar, mantener o reducir la carga, respectivamente. La carga actual en el momento de realizar la ordenación se determina a partir del censo realizado para establecer las existencias de las poblaciones cinegéticas.

La carga ordenada de una población cinegética sirve para establecer, a través de los cálculos de ordenación, tanto lo que hay que cazar como rendimiento máximo sostenido, como lo que hay que dejar como población reproductora para obtener de nuevo el máximo rendimiento sostenido.

Establecida la capacidad de carga para cada especie en ordenación (carga ordenada máxima, *Ko max*) se calcula la población reproductora (carga ordenada mínima, *Ko min*) necesaria para, según los parámetros de su dinámica poblacional en ese medio concreto, dar lugar por su productividad a la carga ordenada máxima. Es decir, a lo que a partir del modelo logístico se establece como el máximo rendimiento sostenible de una población cazada.

A igual tamaño poblacional en estado de carga ordenada, la productividad de una población puede variar significativamente dependiendo de su dinámica poblacional. Cuanto mayor sea su reclutamiento neto y menor sea la mortalidad de adultos, mayor será su productividad.

Así, por ejemplo, en una población de perdiz roja (*Alectoris rufa*) en carga ordenada con un tamaño poblacional en el momento pre-cinegético (carga ordenada máxima) de 500 individuos, la productividad podría

---

[6].- Los métodos indirectos de seguimiento son fundamentales para establecer con plena certeza la carga ordenada de la unidad de gestión. En otro trabajo (Covisa, 1998), ya se trataron estos métodos.

oscilar desde cazar 188 perdices[7] (tasa de aprovechamiento del 37% con un reclutamiento neto de 2 crías por hembra y una mortalidad de adultos del 40%) hasta cazar 321 perdices (tasa de aprovechamiento del 64% con un reclutamiento neto de 4 crías por hembra y una mortalidad de adultos del 20%). Esto es, para una población con igual tamaño de 500 individuos en carga ordenada máxima, para continuar teniendo el mismo tamaño de población en el siguiente ciclo extractivo, en la siguiente temporada de caza, el aprovechamiento podría oscilar desde 321 perdices con una alta productividad hasta 188 perdices si solo se obtiene una baja productividad. Una diferencia de hasta 133 perdices cazadas en más o en menos entre ambos casos. El máximo rendimiento sostenido (MRS) en cada caso es muy diferente en resultados finales en cuanto a número de perdices cazadas, sin embargo, en ambos casos es igualmente el MRS.

Por tanto, el obtener una mayor o menor productividad, tasa de aprovechamiento o máximo rendimiento sostenido, depende en cada caso de los parámetros poblacionales concretos de reclutamiento neto y mortalidad de adultos (descartando normalmente inmigración y emigración en poblaciones cazadas debido al mismo efecto cinegético).

Maximizar estos parámetros, siempre de manera natural y sostenible sin artificializar el recurso, para obtener una mayor productividad, un mayor rendimiento máximo sostenido, es un objetivo fundamental de toda ordenación cinegética.

7.- Para realizar los cálculos, cuando hay decimales es necesario utilizarlos para ajustar al máximo posible los resultados, sin embargo al exponer los datos resultantes de individuos se debe hacer con números enteros, redondeando al más cercano.

Carga Ordenada Máxima ($Ko\ max$)	500 perdices	500 perdices	500 perdices
Reclutamiento Neto (Rpi)	4 crías/hembra	3 crías/hembra	2 crías/hembra
Mortalidad de Adultos (Mpi)	20%	30%	40%
Carga Ordenada Mínima ($Ko\ min$)	179 perdices	227 perdices	312 perdices
Tasa de Aprovechamiento (Ta)	0,64 %	0,54 %	0,37 %
Máximo Rendimiento Sostenido (MRS)	321 perdices	273 perdices	188 perdices
Productividad	Alta	Media	Baja

Tabla 2: Ejemplo de productividad del máximo rendimiento sostenido (MRS) en una misma población de perdiz roja (Alectoris rufa) en estado de carga ordenada dependiendo de su dinámica poblacional

Este ejemplo no se debe tomar como un estándar para todo tipo de ambientes en donde se aprovechen poblaciones de perdiz silvestre. Su principal función es mostrar como de una misma población cinegética puede obtenerse un máximo rendimiento sostenido diferente dependiendo de sus variables de dinámica poblacional. La mayor o menor calidad natural potencial del medio para satisfacer las necesidades bioecológicas de la perdiz es fundamental para obtener una mayor o menor productividad, además de los otros usos y aprovechamientos existentes y de la gestión cinegética que se lleve a cabo para conseguirla. Por tanto, entiéndanse los datos manejados en el ejemplo como adecuados a los ambientes en los que la potencialidad del medio y los otros usos lo permitan, y la gestión cinegética lo facilite. En muchos casos, la situación actual de las poblaciones de perdiz silvestre es su baja o muy baja productividad debido a la múltiple problemática que soportan: agroquímicos, sobreexplotación, alta predación, pérdida de calidad del hábitat.... No obstante lo cual, independientemente de los datos concretos del ejemplo, lo importante es resaltar como el máximo rendimiento sostenido varía en una misma población en función de los parámetros de su dinámica poblacional. A la vez que es muy importante hacer hincapié en que estos parámetros se pueden mejorar para obtener una mayor productividad a través de una adecuada ordenación cinegética sostenible y su puesta en práctica mediante su correspondiente gestión[8]. Siempre de manera natural, sin artificializar el recurso.

1.6.- Fórmula general de ordenación cinegética

Existen diferentes métodos para establecer el aprovechamiento cinegético de un coto de caza. Aunque no en todos los casos están enfocados a la obtención del MRS. En otro trabajo (Covisa, 1998), propusimos un método que permite hacer los cálculos necesarios para establecer un aprovechamiento basado en un rendimiento máximo sostenible del coto de caza en ordenación. Un procedimiento que denominamos ***fórmula general de ordenación cinegética*** y que permite calcular el máximo rendimiento sostenido (MRS) a través de establecer la población reproductora necesaria para alcanzar la capacidad de carga, el tiempo para llegar a ello y la tasa de aprovechamiento de cada especie en ordenación, así como aplicar los métodos indirectos más usuales para ajustar el aprovechamiento a través de una gestión adaptativa a las condiciones de cada ciclo extractivo y a la consecución de la sostenibilidad en el recurso.

La *fórmula general de ordenación cinegética* se basa en establecer inicialmente la capacidad de carga del medio en ordenación cinegética para cada especie en aprovechamiento. Este dato fundamental es totalmente necesario, como se comprueba a partir del modelo logístico, para obtener el máximo rendimiento sostenible (MRS) de una población aprovechada cinegéticamente. Si se quiere obtener el MRS, sin partir de este dato, ninguna ordenación es posible. A partir de este dato se van estableciendo progresivamente todos los demás datos necesarios para una correcta ordenación: la carga ordenada mínima necesaria para obtener un MRS, el tiempo necesario para alcanzar el Estado de Carga Ordenada y, finalmente, la Tasa de Aprovechamiento de cada una de las especies cazadas durante cada uno de los años que dure la ordenación.

---

[8].- Cualquier tipo de ordenación, sin su correspondiente gestión que la lleve adecuadamente a la práctica, no sirve absolutamente para nada. Una ordenación es una planificación plasmada en un documento escrito: el Proyecto de Ordenación Cinegética o el Plan Técnico de Caza. Por tanto, es solo un documento. Por sí solo no es nada si no se lleva a la práctica mediante su correspondiente gestión. Una situación demasiado extendida desgraciadamente hoy en día.

La formulación para obtener el MRS de las poblaciones cazadas y el resto de datos necesarios para ello se basa en realizar los cálculos aplicando las siguientes fórmulas interrelacionadas:

1. Cálculo de la **Carga Ordenada Mínima**

La carga ordenada mínima (*Ko min*) es la población post-caza que queda después del aprovechamiento cinegético (normalmente, reproductores en especies de caza menor y reproductores más subadultos en especies de caza mayor) y de la que partir para alcanzar en cada ciclo extractivo el MRS.

Es un dato fundamental ya que se trata de la población a dejar siempre tras el aprovechamiento cinegético para poder alcanzar el MRS en el siguiente aprovechamiento.

Se deduce a partir del tamaño de la población en estado de carga ordenada (población en capacidad de carga). Conociendo el tamaño de población a alcanzar en estado de carga ordenada (carga ordenada máxima), para calcular la población reproductora (o carga ordenada mínima), aplicamos la expresión:

$$P_{f=} P_i - M_{pi} + R_{pi}$$

En donde:

Pf = Población final o carga ordenada máxima (dado en tamaño)

Pi = Población inicial o carga ordenada mínima (dado en tamaño)

Mpi = Mortalidad de la Población inicial (dado en porcentaje)

Rpi = Reclutamiento de la Población inicial (dado en crías x reproductor)

Partiendo de dicha expresión:

$$P_{f=} P_i - M_{pi} + R_{pi}$$

33

Luego:

$$P_{f=} x\, P_i$$

En donde:

$$x = 1 - M_{pi} + R_{pi}$$

Por tanto:

$$P_i = \frac{P_f}{x} = \frac{P_f}{1 - M_{pi} + R_{pi}}$$

Luego, para hallar la población reproductora, o carga ordenada mínima, tenemos finalmente la expresión:

$$P_i = \frac{P_f}{1 - M_{pi} + R_{pi}}$$

Aplicando la anterior expresión a los datos de dinámica poblacional de reclutamiento neto y mortalidad de adultos de la especies cinegéticas en ordenación específicos de la unidad de gestión (el coto de caza en ordenación), se obtiene la población necesaria (carga ordenada mínima) para alcanzar la capacidad de carga en el momento de extracción cinegética (carga ordenada máxima) y conseguir de esta manera el máximo rendimiento sostenido.

Este cálculo es siempre totalmente imprescindible establecerlo para obtener el MRS. Debe realizarse siempre en toda ordenación como primer cálculo del que partir para determinar todos los demás.

2. Estado de Carga Ordenada

Es el procedimiento para convertir en el tiempo la carga actual (Ka) en carga ordenada (Ko). Conversión del tamaño de la población que hay en el momento de la toma de datos para la realización de la ordenación (carga actual) en el tamaño de ordenación al que se quiere llegar (carga ordenada) por medio de todo el proceso de puesta en práctica de la ordenación a través de su correspondiente gestión adaptativa para obtener el máximo rendimiento sostenido.

Cuando se parte de una población como carga actual (*Ka*) menor que la que hay que dejar como carga ordenada mínima (*Ko min*), se debe renunciar a extraer una parte de la población en la caza (sacrificio de ordenación) para ir aumentando en un determinado plazo de tiempo (*t*) la carga ordenada mínima necesaria para llegar a tener por su productividad la carga ordenada máxima (capacidad de carga) que permita el máximo rendimiento sostenido en su aprovechamiento. Se halla por la expresión:

$$S = \frac{K_{o\,min} - K_a}{t}$$

En donde:

S: Sacrificio de ordenación

Ko min: Carga ordenada mínima

Ka: Carga actual

t: Años

Igualmente, cuando se parte de una población como carga actual (*Ka*) mayor que la que hay que dejar como carga ordenada mínima (*Ko min*), se debe extraer una parte mayor de la población en la caza (beneficio de ordenación) para disminuir en un plazo de tiempo (*t*) la carga ordenada mínima necesaria para llegar a tener por su productividad la carga ordenada máxima (capacidad de carga) que permita el máximo rendimiento sostenido en su aprovechamiento. Se halla por la expresión:

$$B = \frac{K_a - K_{o\,min}}{t}$$

En donde:

B: Beneficio de ordenación

Ko min: Carga ordenada mínima

Ka: Carga actual

t: Años

Aplicando el sacrificio o el beneficio de ordenación, según corresponda en cada caso, se alcanza en el plazo determinado en el que se quiera establecer el estado de carga ordenada. A través del cual se consigue el máximo rendimiento sostenido del aprovechamiento cinegético.

3. Cálculo de la **Tasa de Aprovechamiento**.

La tasa de aprovechamiento es el porcentaje de la población existente que debe ser cazado para obtener el máximo rendimiento sostenido. Para ello se debe establecer cuál es la carga ordenada que tendrá el coto sobre el que se trabaja, estableciéndola en un determinado periodo de tiempo mediante las actuaciones de gestión que correspondan. Se halla por la expresión:

Tasa de aprovechamiento en Estado de Carga Ordenada:

$$T_a = \frac{R_{pi} - M_{pi}}{P_i - M_{pi} + R_{pi}}$$

Tasa de aprovechamiento cuando existe Sacrificio de Ordenación:

$$T_a = \frac{R_{pi} - M_{pi} - S}{P_i - M_{pi} + R_{pi}}$$

Tasa de aprovechamiento cuando hay Beneficio de Ordenación:

$$T_a = \frac{R_{pi} - M_{pi} + B}{P_i - M_{pi} + R_{pi}}$$

En donde:

T_a : Tasa de aprovechamiento

P_i : Población inicial

R_{pi} : Reclutamiento

M_{pi} : Mortalidad de adultos

S: Sacrificio de ordenación

B: Beneficio de ordenación

Aplicando la anterior expresión se obtiene tanto la población que se va a cazar como la población que se va a dejar como reproductores (carga ordenada mínima) para conseguir de nuevo el máximo rendimiento sostenido (MRS) en el siguiente ciclo extractivo.

1.7.- Establecimiento del Estado de Carga Ordenada y del Máximo Rendimiento Sostenido (MRS) en un aprovechamiento cinegético. Ejemplo

Para establecer en un coto en ordenación el estado de carga ordenada y con ello el máximo rendimiento sostenido en su aprovechamiento, se debe proceder de la siguiente forma:

1. Establecer cuál va a ser la carga ordenada máxima, *Ko max*, en el momento de extracción de caza de cada una de las especies cinegéticas en ordenación al alcanzar el estado de carga ordenada. Dependiendo de la información obtenida, la aproximación que se haga a este dato será más o menos

acertada. Posteriormente, a través de una gestión cinegética adaptativa se irá perfilando cada vez más certeramente este dato.

2. Obtener cuál es la carga actual (*Ka*) mediante la realización de censos.

3. Obtener los parámetros específicos de dinámica poblacional de las especies cinegéticas o trabajar con datos adecuados por similitud a las circunstancias del coto en ordenación si no se tienen datos propios. Si inicialmente no se tienen datos propios, con el tiempo, a través de una gestión cinegética adaptativa, se deben ir obteniendo los datos específicos propios de las poblaciones con las que se trabaja.

4. Aplicar los cálculos y obtener los datos para cada una de las especies en ordenación de:

    • Carga ordenada mínima (*Ko min*)

    • Sacrificio (*S*) o Beneficio (*B*) de ordenación si los hay durante el tiempo que se va a tardar en llegar a la carga ordenada.

    • Tasas de aprovechamiento (*Ta*) durante cada uno de los años para los que se establece la ordenación.

EJEMPLO

En un coto de 1100 has se tiene que realizar el aprovechamiento cinegético de la población de perdiz roja. La ordenación se realiza para un periodo de 5 años

Partiendo de la carga actual, para obtener el máximo rendimiento sostenido, hay que llegar a alcanzar el estado de carga ordenada.

En estado de carga ordenada, la carga ordenada máxima, una vez establecidas todas las medidas y actuaciones de gestión necesarias para llegar a ello, en el momento de su aprovechamiento se establece en una densidad de 0,50 perdices/ha. La carga actual en el momento pre-reproductivo es de 100 perdices.

Dinámica Poblacional:

Relación de sexos: *50 ♂: 50 ♀*

Reclutamiento: *3 ∗ hembra* $= 1,5 ∗ reproductor$ (♂ + ♀)

Mortalidad de adultos: *30%*

Sabiendo que el tamaño de población a alcanzar en estado de carga ordenada (carga ordenada máxima) es de 550 perdices, para calcular la población reproductora (o carga ordenada mínima) necesaria para llegar a ella, aplicamos la expresión:

$$P_{f=} P_i - M_{pi} + R_{pi}$$

En donde:

Pf = Población final o carga ordenada máxima

Pi = Población inicial, reproductora o carga ordenada mínima

Mpi = Mortalidad de la Población Inicial (dado en porcentaje)

Rpi = Reclutamiento de la Población Inicial (dado en crías x reproductor)

Partiendo de dicha expresión:

$$P_{f=} P_i - M_{pi} + R_{pi}$$

Luego:

$$P_{f=} x \, P_i$$

En donde:

$$x = 1 - M_{pi} + R_{pi}$$

Por tanto:

$$P_i = \frac{P_f}{x} = \frac{P_f}{1 - M_{pi} + R_{pi}}$$

Luego, para hallar la población reproductora, o carga ordenada mínima, tenemos finalmente la expresión:

$$P_i = \frac{P_f}{1 - M_{pi} + R_{pi}}$$

Aplicando la anterior expresión a los datos con los que trabajamos de dinámica poblacional de perdiz, obtenemos:

$$P_i = \frac{550}{1 - 0{,}30 + 1{,}50} = \frac{550}{2{,}20} = 250\ perdices$$

Para llegar a tener una Población final de 550 perdices (carga ordenada máxima), con la dinámica poblacional que contemplamos, para obtener el máximo rendimiento sostenido (MRS), hay que partir de una población reproductora (carga ordenada mínima) de 250 perdices.

Como la carga actual es de 100 perdices, en este momento es inferior a la carga ordenada mínima (250) necesaria para alcanzar la carga ordenada máxima (550).

Al partir de una población menor, para llegar a la carga ordenada hay que dejar de aprovechar una parte de la población cazable (sacrificio de ordenación). Para llegar a la carga ordenada, el sacrificio de ordenación se hará en 2 años. Aplicando la expresión:

$$S = \frac{K_{o\ min} - K_a}{t}$$

S: Sacrificio de ordenación

Ko min: Carga ordenada mínima

Ka: Carga actual

t. Años

Por tanto, el sacrificio de ordenación de cada uno de los 2 años será:

$$S = \frac{K_{o\,min} - K_a}{t} = \frac{250 - 100}{2} = 75 \text{ perdices}$$

Año 1º

Los datos de población (carga actual) de los que se parte el primer año son 100 perdices. Con los parámetros poblacionales ya descritos, los datos del primer año para calcular la tasa de aprovechamiento son:

Pi: 100 perdices (50:50) = 50 ♂ : 50 ♀

Rpi: (3 * 50) = (1,5 * 100) = 150

Mpi: 30%= 30

S: 75

Aplicando la fórmula de la tasa de aprovechamiento con sacrificio de ordenación:

$$T_a = \frac{R_{pi} - M_{pi} - S}{P_i - M_{pi} + R_{pi}}$$

Ta: Tasa de aprovechamiento

Rpi: Reclutamiento

Mpi: Mortalidad

S: Sacrificio de ordenación

Pi: Población inicial

$$T_{a_1} = \frac{150 - 30 - 75}{100 - 30 + 150} = \frac{45}{220} = 0{,}20$$

El tamaño poblacional después de reproducción y antes de caza el primer año será de 220 perdices, de las que se aprovechará el 20%, 45 perdices, quedando 175 perdices como reproductores para la siguiente temporada (2º año).

La población reproductora o carga mínima[9] en el 2º año será:

$$220 - 45 = 175 \text{ perdices}$$

Año 2º

En el 2º año, partiendo de las 175 perdices (P_i) de población reproductora o carga mínima existente después de caza se tiene:

Pi: 175 perdices (50:50) = 50 ♂ : 50 ♀

Rpi: $(1{,}5 * 175) = 262{,}50$

Mpi: 30%= 52,50

S: 75

$$T_{a_2} = \frac{262{,}50 - 52{,}50 - 75}{175 - 52{,}50 + 262{,}50} = \frac{135}{385} = 0{,}35$$

El tamaño poblacional después de reproducción y antes de caza el segundo año será de 385 perdices, de las que se aprovechará el 35%, 135

---

[9].- Carga mínima de ese año concreto, no carga *ordenada* mínima, que aún no se ha alcanzado.

perdices, quedando 250 perdices como reproductores (se alcanza la carga ordenada mínima) para la siguiente temporada.

La carga ordenada mínima para el 3° año será:

$$385 - 135 = 250 \text{ perdices}$$

En 2 años se consigue la carga ordenada mínima. A partir de ella se alcanzará la potencialidad del coto en tamaño poblacional pre-cinegético, carga ordenada máxima, en la siguiente temporada (3° año). Se alcanza al llegar la 3ª temporada de caza (T_{a_3}) los 550 individuos de carga ordenada máxima, de los cuales se cazará el 54%, 300 perdices, quedando después de caza nuevamente 250 perdices. Con ello se alcanza el estado de carga ordenada.

Año 3°, 4° y 5°

A partir de la tercera temporada de caza se consigue el **máximo rendimiento sostenido (MRS)** del aprovechamiento de perdiz.

Al haber alcanzado el estado de carga ordenada, se aplica la fórmula de la tasa de aprovechamiento normal, sin sacrificio de ordenación:

$$T_a = \frac{R_{pi} - M_{pi}}{P_i - M_{pi} + R_{pi}}$$

En el 3° año y siguientes, partiendo de las 250 perdices (P_i) de carga ordenada mínima existentes después de caza como reproductores, se alcanza al llegar cada temporada de caza los 550 individuos de carga ordenada máxima, de los cuales se cazará el 54%, 300 perdices, quedando después de caza nuevamente 250 perdices.

Pi: 250 perdices (50:50) = 50 ♂ : 50 ♀

Rpi: $(1,5 * 250) = 375$

Mpi: 30%= 75

$$T_{a_3} = \frac{375 - 75}{250 - 75 + 375} = \frac{300}{550} = 0,54$$

El resto de temporadas hasta la finalización del Plan, el aprovechamiento será el mismo porque ya se ha alcanzado el estado de carga ordenada.

$$T_{a_4} = \frac{375 - 75}{250 - 75 + 375} = \frac{300}{550} = 0,54$$

$$T_{a_5} = \frac{375 - 75}{250 - 75 + 375} = \frac{300}{550} = 0,54$$

Cada año se alcanzará antes del inicio de temporada una población de 550 perdices, de las cuales se cazará el 54%, 300 perdices, quedando 250 perdices como población reproductora para la siguiente temporada.

AÑOS	1°	2°	3°, 4°, 5°	
POBLACIÓN DE PERDIZ	Carga Actual (pre-reproductora)	Carga 2° Año (pre-reproductora)	Carga Ordenada Mínima (pre-reproductora)	Carga Ordenada Máxima (pre-cinegética)
Tamaño	100	175	250	550
Densidad (N/100 ha)	0,09	0,15	0,22	0,50

Tabla 3: Densidad y tamaño de la población de perdiz roja del ejemplo por años en el periodo de ordenación

El aprovechamiento de las cinco temporadas será:

El primer año se consigue un aprovechamiento anual total de 45 perdices. 4,09 perdices por cada 100 ha, o lo que es lo mismo, 0,04 perdices por hectárea.

El segundo año se consigue un aprovechamiento anual total de 135 perdices. 12,27 perdices por cada 100 ha, o lo que es lo mismo, 0,12 perdices por hectárea.

A partir del tercer año, una vez que se alcanza el estado de carga ordenada, se consigue un aprovechamiento anual en máximo rendimiento sostenido de 300 perdices. 27,27 perdices por cada 100 ha, o lo que es lo mismo, 0,27 perdices por hectárea.

AÑOS	1°	2°	3°	4°	5°
Tasa de Aprovechamiento (Ta)	20%	35%	54%	54%	54%
Aprovechamiento con Sacrificio de Ordenación (S)	45	135	-	-	-
Aprovechamiento del Máximo Rendimiento Sostenido (MRS)	-	-	300	300	300

Tabla 4: Aprovechamiento cinegético de la población de perdiz roja del ejemplo por años en el periodo de ordenación

1.8.- Gestión Cinegética Adaptativa

Obviamente la realidad es mucho más compleja y cambiante de lo que puede llegar a establecerse en una ordenación, por lo cual es necesario ir afinando los datos obtenidos en la ordenación a través de la gestión.

Una ordenación cinegética sostenible, plasmada en un Proyecto de Ordenación Cinegético o en un Plan Técnico de Caza[10], debe ser llevada a cabo sobre el terreno a través de su correspondiente gestión. Sin embargo, la gestión de los sistemas naturales y sus recursos está sujeta en general a un alto grado de incertidumbre (Stewart *et al.*, 2011), incertidumbre que afecta igualmente a la gestión de la caza.

Los sistemas biológicos son complejos y dinámicos, las poblaciones de especies cinegéticas fluctúan en el tiempo y dependen de múltiples variables, tanto antrópicas como naturales (Allen *et al.*, 2011; Mills, 2012). ¿Cómo saber, entonces, que lo plasmado en una ordenación cinegética para un determinado número de años será válido si las poblaciones pueden cambiar cada año, o simplemente los datos de los que partimos no eran suficientemente acertados?

La gestión para un aprovechamiento sostenido de la caza que maximice su rentabilidad ambiental, económica y social, sin artificializar nunca el recurso, necesita de un modelo de gestión que permita adaptarse a la incertidumbre de su manejo y a las variaciones que puedan ir sucediendo en su periodo de vigencia. Igualmente, también la ordenación cinegética debe planificarse en vista a ejecutarse en un modelo flexible que permita su mejor puesta en práctica.

Actualmente, el modelo de gestión que más se aproxima a esta posibilidad es el basado en la denominada gestión adaptativa (Holling, 1978; Walters, 1986). En el caso de la caza, **gestión cinegética adaptativa**. La gestión adaptativa surgió en Canadá en la década de 1970 y está siendo aplicada con éxito al manejo de sistemas naturales, de sus recursos y aprovechamientos.

La gestión cinegética adaptativa se basa en el modelo general que postula la metodología de la gestión adaptativa, pero aplicada específicamente a la gestión de especies silvestres y de sus hábitats para su aprovechamiento a través de la caza. Su objetivo, como en toda gestión adaptativa, es reducir la incertidumbre de gestión a través del aprendizaje

---

[10].- En España, la metodología de ordenación cinegética deriva fundamentalmente de la tradición de ordenación forestal. En ella, a través de las Instrucciones de Ordenación de Montes, se diferencia claramente entre Proyectos de Ordenación y Planes Técnicos, siendo los primeros documentos más completos de ordenación, dejando su lugar a los segundos cuando sea suficiente un documento más sencillo, con un menor nivel de profundidad. A efectos prácticos, se pueden diferenciar porque un Plan Técnico de Caza se debe acomodar para su realización a la estructura y contenido establecida por las CCAA, mientras un Proyecto de Ordenación Cinegética es un documento más completo.

continuo. En el caso concreto de la caza, aplicando el proceso a cada ciclo anual extractivo para adaptarse a sus circunstancias concretas, al establecimiento adecuado de la capacidad de carga y del MRS y, en conjunto, a un uso sostenible del recurso. Su finalidad última es ir aprendiendo cada vez con mayor profundidad sobre la realidad específica del recurso en ese determinado espacio cinegético en gestión.

En general, la gestión de la caza está sujeta a un alto grado de incertidumbre. Mayor o menor en función de la circunstancias concretas de las poblaciones cinegéticas y su medio, de los otros usos y aprovechamientos existentes y, finalmente, de las circunstancias de propiedad, económicas y sociales que envuelven el espacio en gestión.

Sin entrar a evaluar la mayoría de las circunstancias antrópicas, que pueden ser múltiples y en muchos casos más determinantes que las puramente biológicas (Dickson *et al.*, 2009), algunas de las incertidumbres más comunes que pueden influir en la gestión de un espacio cinegético son:

1. Datos erróneos o insuficientes sobre las poblaciones cinegéticas (tamaño, estructura…).

2. Variaciones estocásticas:

   - Influencia de las condiciones climáticas en el proceso y resultado reproductivo, por tanto, en el reclutamiento neto final.

   - Influencia en el tamaño de la población por catástrofes sobrevenidas (incendios, inundaciones, pedrisco…) o epizootias.

   - Reducciones drásticas en los recursos (alimento, agua, cobertura…)

3. Modificaciones no esperadas surgidas en otros usos y aprovechamientos con repercusiones directas sobre la caza.

¿Cómo se puede hacer frente a todo esto? Actualmente a través de la gestión cinegética adaptativa. La gestión cinegética adaptativa es un modelo de gestión que permite enfrentarse adecuadamente a las incertidumbres en la gestión de la caza.

La gestión cinegética adaptativa se puede definir como el modelo de gestión cinegética que consiste en un **proceso sistemático para la mejora continua de las prácticas de gestión aplicadas a un espacio cinegético a través de la monitorización de los resultados obtenidos,** tanto si son los esperados como si no lo son o no cumplen los objetivos propuestos. A partir de este proceso de aprendizaje continuo, se muestran los puntos que se deben mantener o aquellos que se deben mejorar en un nuevo ciclo de gestión, en vistas a una mejora continua del proceso.

Un error común es confundir la gestión adaptativa con un simple proceso de prueba y error, puesto que consiste en mucho más que eso ya que para que tenga lugar la gestión adaptativa es necesario que sea un proceso (Sabine *et al.*, 2004; Williams, 2011):

1. **Planificado.**

   Debe hacerse una planificación de todo el proceso. Es decir, la previa ordenación cinegética plasmada en un documento de gestión: proyecto de ordenación cinegética o plan técnico de caza, pero ya enfocado a ser gestionado con una metodología adaptativa, lo cual implica contemplar la posibilidad de diferentes escenarios y la capacidad de adaptación de la ordenación en función de los datos encontrados al ser llevada a la práctica en la gestión.

2. **Sistemático.**

   Debe ajustarse a lo planificado en la ordenación. Aunque planificado con la flexibilidad suficiente para adaptarse a las nuevas circunstancias posibles que detecten los datos obtenidos.

3. **Monitorizado.**

   Deben establecerse controles que permitan comprobar qué se está haciendo, cómo se está haciendo y en qué medida se ajusta a lo planificado, o indiquen cómo actuar adaptándose al cambio producido. Fundamentalmente, en lo biológico mediante la toma de datos de capturas y de dinámica poblacional. En las actuaciones planificadas y en lo económico y lo social, con protocolos que determinen qué está sucediendo para corregir su problemática y/o aumentar su eficacia.

4. Evaluado.

Deben identificarse y registrarse claramente los resultados obtenidos para evaluar en qué medida todo el proceso se ajusta a lo esperado y cuáles son las opciones alternativas elegibles para utilizar en la actuación contigua o, en su conjunto, en el siguiente ciclo de gestión a fin de obtener una mejora continua.

Por su propia naturaleza, la gestión cinegética adaptativa debe ser flexible. Sin embargo, flexibilidad no significa modificación arbitraria sin más en cualquier momento del proceso. Por el contrario, como ya se ha indicado, el proceso debe ser sistemático y su flexibilidad deriva de su posibilidad de adaptación a:

- Las circunstancias cambiantes e incertidumbres inherentes a los sistemas naturales. Por ejemplo, adaptándose a las variaciones temporales en los resultados finales del proceso reproductivo o a procesos estocásticos que produzcan una modificación sensible en la población (un incendio, unas condiciones climáticas adversas, una epizootia…).

- Los resultados finales obtenidos. Adaptando para el siguiente ciclo de gestión el proceso en función de los resultados obtenidos de tal manera que permita una mejora continua.

1.8.1.- Etapas de un proceso de Gestión Cinegética Adaptativa

El modelo general de gestión adaptativa adopta para su puesta en práctica un procedimiento iterativo, de ida y vuelta atrás, de aproximaciones sucesivas para ir conformando adecuadamente la gestión, basado en varias etapas. Este modelo está bastante consensuado y contrastado en su aplicación a cualquier gestión de sistemas naturales. Sin embargo, es necesaria su acomodación para convertirlo en operativo al utilizarlo a las concretas circunstancias de la caza en nuestro país.

El modelo general de gestión adaptativa está pensado para afrontar todo tipo de situaciones, comenzando desde aquellas en las que no hay precedentes de ningún tipo de gestión ordenada. Lo cual implica que la realización de todas sus etapas está diseñada para afrontar situaciones más complejas que las encontradas en la caza normalmente en España. Por tanto, en el caso de la caza se debe adaptar al grado de complejidad de la concreta situación de que se trate y del nivel precedente de ordenación que ya exista sobre ella. Para el caso de España, el modelo general debe adaptarse al caso concreto que nos ocupe. En general, las etapas aplicables a la puesta a punto de una gestión cinegética adaptativa de un coto privado en nuestro país[11] son las siguientes:

1. **Ordenación.**

   Elaboración de la ordenación cinegética, identificando cuál es la situación y qué se quiere hacer (Análisis, Diagnóstico y Planificación).

2. **Monitorización.**

   Establecer un plan de control para monitorizar el proceso de gestión y sus resultados.

3. **Ejecución.**

   Ejecución de la ordenación: puesta en práctica de la gestión cinegética.

4. **Evaluación.**

   Evaluación de los resultados, comparando los resultados obtenidos con los esperados.

5. **Revisión.**

   Revisión de la gestión en función de lo aprendido a través de los resultados obtenidos, adaptando la gestión a ello.

---

[11].- Para el caso de otro tipo de espacios cinegéticos diferentes a los cotos privados de caza, o bien para la ordenación de especies concretas a un nivel espacial superior a unidades de gestión específicas, comarcalizaciones, etc., el modelo puede necesitar de alguna etapa diferente, que hay que evaluar en cada caso según sus propias particularidades.

ORDENACIÓN

REVISIÓN

MONITORIZACIÓN

EVALUACIÓN

EJECUCIÓN

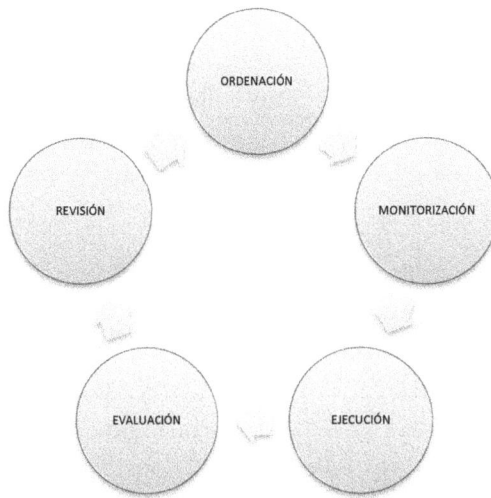

Figura 5: Etapas de una Gestión Cinegética Adaptativa

1.8.2.- Puesta en práctica de la Gestión Cinegética Adaptativa

La formulación de un proceso de gestión cinegética adaptativa está pensada como herramienta de ayuda a la gestión. Su función es ayudar al gestor en su tarea, en la toma de decisiones para ir alcanzando progresivamente una gestión más acertada. Preguntas fundamentales en una gestión, pueden ser respondidas con la puesta en práctica de este modelo de gestión. ¿Cuál es la carga ordenada, la capacidad de carga que se puede alcanzar de cada especie?, ¿cuánto puedo cazar?, ¿cómo consigo el máximo rendimiento sostenido del aprovechamiento?, son preguntas que todo gestor debería hacerse y a las debería tener posibilidad de responder de manera técnicamente acertada. Todo ello para una mejor administración económica, social y ambiental del recurso en sí y de su aprovechamiento.

En todo el proceso de implementación de una gestión cinegética adaptativa se debe implicar en un momento u otro del proceso a todos o, al menos, a la mayor parte posible de los actores implicados de una manera u otra en el recurso cinegético. Sin embargo, su destinatario final es el gestor. El gestor es quien tiene que tomar las decisiones de actuación. Y estas decisiones deben ser fundamentadas. No discrecionales en función de lo que cree el gestor, y mucho menos arbitrarias. Para que las decisiones sean fundamentadas es para lo que se emplea este modelo de gestión. Lo cual no quiere decir que las decisiones sean siempre totalmente acertadas. Como ya se vio, se asume la incertidumbre consustancial a la gestión de los sistemas naturales, pero con la mirada puesta en el aprendizaje, en ir aprendiendo cada vez más sobre ese sistema concreto que se gestiona para ir reduciendo progresivamente la incertidumbre en su manejo. Y, finalmente, realizar una gestión cada vez más acertada.

El proceso de puesta en práctica de una gestión cinegética adaptativa no conlleva una sola y unívoca forma de implementarse. Globalmente, la tipología de aprovechamientos en función del modelo de derechos de propiedad de la caza (pública, comunal o privada), de la propiedad de la tierra, de la gestión pública o privada…da lugar a una gran variedad de situaciones diferentes de las cuales se debe partir concretamente en cada caso para, adaptándose a sus peculiares circunstancias, adoptar la mejor fórmula de implementación posible.

En el caso de España, las situaciones también pueden ser muy diferentes. A modo de ejemplo, circunscribiéndose a los casos más comunes como son los cotos privados de caza y de manera orientativa y no exhaustiva, la implementación de un proceso de gestión cinegética adaptativa conlleva los siguientes pasos en función de cada etapa del proceso:

1. **Ordenación.**

    A. El primer paso de todo el proceso consiste en la identificación lo más precisa posible de la situación existente y el establecimiento de cómo se va a gestionar en vistas a conseguir unos objetivos que se quieren alcanzar. Deben implicarse la mayor parte posible de las partes interesadas en el proceso para optimizar el resultado.

    B. Esta primera etapa se estructura a partir de reuniones entre las partes interesadas y de trabajos de campo que dan lugar a obtener finalmente el documento de ordenación que servirá de guía a la gestión. Los pasos a seguir son:

        a. Reunión del técnico o equipo técnico y la titularidad del acotado para la obtención de datos generales de situación del acotado, delimitar los objetivos iniciales pretendidos y establecer el *modus operandi.*

b. Trabajo de campo. Elaboración de la etapa de *Análisis* de la ordenación cinegética y establecimiento de un *Diagnóstico* de la situación. En general, se trata de obtener una visión del estado global del espacio en ordenación, tanto desde el punto biológico como social y económico en su influencia sobre el recurso.

c. Reunión de la titularidad y el técnico o equipo técnico para estudiar los resultados del Análisis y el Diagnóstico de la situación. A partir de ello, establecimiento de los objetivos pretendidos y las fórmulas más adecuadas de llevarlos a cabo.

d. Reunión del conjunto de implicados en el espacio cinegético (titularidad de la caza, guardería, cazadores, titulares de otros aprovechamientos con incidencia en la caza…)[12] para analizar la situación, trasladarles los objetivos, buscar soluciones a la problemática existente, y consensuar cómo cada cual se va a involucrar en el proceso y cómo se va a monitorizar.

C. Elaboración final de la ordenación cinegética adaptativa, contemplando la situación, su problemática, los objetivos pretendidos y cómo alcanzarlos. En conjunto, haciendo un *análisis* del recurso, a partir del que se realiza un *diagnóstico* de su situación, basándose en el cual llevar a cabo finalmente una *planificación* para su gestión. **Análisis, Diagnóstico y Planificación**, son los tres pilares en los que se sustenta toda ordenación cinegética.

---

[12] El número de personas implicadas debe ser razonable en vistas a una adecuada operatividad. Cuando el número sea excesivo, deben ser sus representantes los asistentes. Obviamente, los implicados serán diferentes dependiendo de las circunstancias concretas de cada caso. Por ejemplo, si el coto de caza se establece sobre una sola propiedad privada de la tierra con aprovechamiento de la caza por su propietario, los agentes implicados serán diferentes que en el caso de un coto que se establezca sobre múltiples propiedades con aprovechamiento de la caza por una sociedad de cazadores.

2. Monitorización.

A. Establecimiento de un plan global de cómo se va a monitorizar todo el proceso. Supervisar para obtener los indicadores que permitan medir lo que está sucediendo es fundamental para realizar una gestión adaptativa. A partir de ello se puede evaluar el nivel de acierto de lo planificado, ajustar la gestión a la situación real obtenida y, en definitiva, ir aprendiendo en vistas a una mejora continua. Se realiza fundamentalmente mediante la toma de datos:

   a. Datos de capturas (fichas de caza). La toma escrupulosa de datos de capturas es fundamental. Constituye la estadística básica imprescindible para todo proceso de ordenación-gestión cinegética.

   b. Dinámica de poblaciones (densidad, estructura de sexos y edades) mediante técnicas de censado y observaciones de campo (fichas de campo).

   c. Métodos indirectos que sirvan como indicadores del estado de carga ordenada.

   d. Protocolos que permitan hacer una monitorización de la corrección de la problemática económica y/o social, mostrando sus resultados.

   e. Datos de actuaciones, monitorizando con protocolos adecuados que muestren el proceso de implementación y los resultados de las actuaciones de gestión programadas.

B. Reunión del conjunto de implicados en el espacio cinegético para trasladarles el resultado final de la ordenación y el plan global de monitorización, indicándoles qué se va a hacer, cuál es su papel en ello y cómo se va a monitorizar para obtener, y después evaluar, los datos que muestren los resultados.

3. **Ejecución.**

   A. Puesta en práctica de la gestión cinegética adaptativa, ejecutando las actuaciones programadas en la ordenación.

   B. Realización en el momento que corresponda de los protocolos de toma de datos y control establecidos en el plan de monitorización.

4. **Evaluación.**

   A. Análisis de los datos obtenidos, contrastando lo obtenido con lo planificado. Se deben explicar los resultados, sean o no los esperados, porque en ambos casos da lugar a un aprendizaje que debe materializarse en recomendaciones a llevar a cabo. El análisis y sus resultados debe dejarse documentado para que la información no se pierda y sea útil a procedimientos posteriores de ordenación y gestión.

   B. Evaluación de los datos obtenidos. Aplicar qué datos sirven a cada caso en función de la planificación prevista en la ordenación.

   C. Toma de decisiones. A partir de los resultados de la evaluación, hay que establecer los momentos clave en los que aplicarlos y, en su caso, en los que se debe adaptar la gestión.

      a. ¿Qué cazar cada temporada en función de los datos?

      b. ¿Cuál ha sido el resultado anual y final con respecto a lo planificado en la ordenación? ¿Se ha alcanzado el estado de carga ordenada o se puede establecer con suficiente certeza cuál es?

c. ¿Es sostenible la caza en el coto en cuanto recurso y en su aprovechamiento? ¿Se puede mantener a largo plazo la situación del aprovechamiento de manera tal que se consiga con ello la sostenibilidad del recurso?

5. Revisión.

A. Todo el proceso culmina en la última etapa: la revisión de la gestión. La información obtenida a lo largo de las anteriores etapas debe ser utilizada para ajustar las actuaciones a realizar en vistas a una mejora de la gestión. En general, un aprovechamiento cinegético gestionado de manera adaptativa, necesita establecer fundamentalmente tres cosas:

a. A corto plazo, en cada ciclo extractivo, en cada temporada de caza, establecer las tasas de aprovechamiento anual, adaptándose a las circunstancias concretas de los resultados de cada año.

b. A medio plazo, en el conjunto del periodo de ordenación, establecer el estado de carga ordenada del aprovechamiento y la obtención del MRS.

c. A largo plazo, de manera indefinida, establecer la sostenibilidad continua del aprovechamiento y del recurso cinegético en sí mismo, sin artificializarlo.

B. Para establecer lo anterior, hay que fijar puntos clave de actuación en los que se debe adaptar la gestión:

a. ¿Qué cazar cada temporada en función de los datos? Utilizar los datos de censos, capturas anteriores y actuaciones de gestión realizadas.

b. ¿Cuál ha sido el resultado anual y final con respecto a lo planificado en la ordenación? Datos de dinámica poblacional: tamaño, reclutamiento neto y mortalidad. Capturas obtenidas: piezas cazadas, desagregadas por razones de sexo y edad, estado corporal y sanitario.

c. ¿Se ha alcanzado el estado de carga ordenada o se puede establecer con suficiente certeza cuál es? ¿Se puede mantener a largo plazo la situación del aprovechamiento de manera tal que se consiga con ello la sostenibilidad del recurso? Utilizar los indicadores de los métodos indirectos de seguimiento que permitan detectar si se ha alcanzado el estado de carga ordenada.

C. Finalmente, en función de lo encontrado con la *evaluación* a partir de la toma de datos mediante la *monitorización*, se adapta la gestión al escenario encontrado:

a. En cada ciclo extractivo, en cada temporada de caza, a la población alcanzada, estableciendo las cuotas de caza anuales.

b. En el conjunto de la ordenación, para llegar a establecer por aproximaciones sucesivas el estado de carga ordenada.

c. En las revisiones continuas, ir obteniendo siempre la sostenibilidad del recurso y el MRS posible.

GESTIÓN CINEGÉTICA ADAPTATIVA

Ordenación
- Identificación situación existente
- Reunión y trabajo de campo
- Elaboración final de la ordenación cinegética

Monitorización
- Plan global de monitorización
- Revisión conjunta. Traslado resultado final de la ordenación y el plan global de monitorización

Ejecución
- Puesta en práctica de la gestión cinegética
- Realización protocolo toma de datos y control del plan de monitorización

Evaluación
- Análisis de los datos obtenidos
- Evaluación de los datos obtenidos
- Toma de decisiones

Revisión
- Utilización de la información obtenida para ajustar la gestión
- Ajuste de la gestión para su mejora

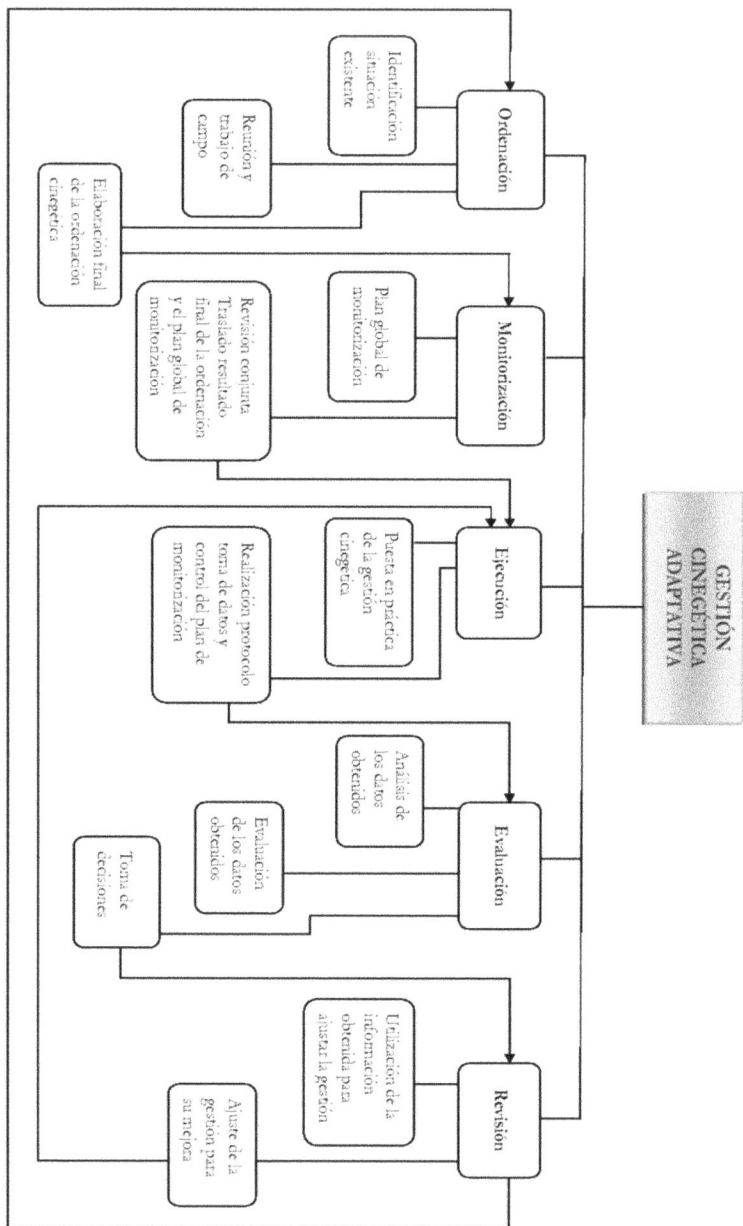

Figura 6: Proceso de una Gestión Cinegética Adaptativa

1.8.3.- La Gestión Cinegética Adaptativa como herramienta de gestión

La gestión cinegética adaptativa es una herramienta potente que permite hacer frente, debido a su flexibilidad, a las deficiencias en los datos, a las circunstancias cambiantes y a los fenómenos estocásticos sobrevenidos durante el periodo de una ordenación cinegética. Evidentemente, la gestión cinegética adaptativa no está exenta de dificultades. La primera de ellas, y sin duda alguna la más importante en nuestro país, es su dificultad de puesta en práctica, ya que apenas se lleva poco más de un par de décadas empleando la planificación generalizada en las unidades de gestión de caza, sin haber pasado aun prácticamente en la mayoría de los casos de una etapa de aplicación de una ordenación solo a nivel de documento, sin apenas puesta en práctica a través de su consecuente gestión. Siendo la gestión que se hace, en muchos de los casos, actuaciones sueltas, descoordinadas, sin ningún tipo de rigor técnico e independientes de la previa ordenación en la que deberían basarse (Díaz-Fernández *et al.*, 2013; Gutiérrez, 2013). No obstante lo cual, a nivel global, la gestión cinegética adaptativa no deja de ser una herramienta perfectamente útil que irá consolidando su uso con el tiempo. Lo cual ocurrirá también en España cuando se vaya avanzando en la toma de conciencia y en el convencimiento de una gestión más certera y sostenible, a la par que se vayan viendo sus resultados a través de su adecuada puesta en práctica.

En América del Norte ya se aplica desde hace tiempo con éxito en la gestión de la caza de especies acuáticas, involucrando en ello a la mayoría de las partes interesadas, desde los diferentes países implicados, pasando por asociaciones de cazadores, ONGs, servicios de administración de vida silvestre y cinegética, etc. (Nichols *et al.*, 2007). Camino ya abierto que bien podría ser de gran utilidad como modelo para gestionar globalmente en Europa las especies migratorias, tanto acuáticas (Elmberg *et al.*, 2006) como cualquier otra especie migratoria.

Para las especies sedentarias, la gestión concreta a nivel de cada coto representa la unidad básica de gestión en la que aplicar esta metodología de gestión. Sin detrimento de lo cual, también es perfectamente adecuada para aplicar a cualquier nivel por encima de cada coto concreto (planes de ordenación de especies, comarcalizaciones, etc.)

La gestión adaptativa está altamente reconocida por las más importantes organizaciones ambientales internacionales. Así, por ejemplo, la **Unión Internacional para la Conservación de la Naturaleza (UICN)** es una firme partidaria de la gestión adaptativa. En el Segundo Congreso Mundial de la Naturaleza reunido en Amman (2000), aprueba la ***Declaración de política de la UICN acerca del uso sostenible de los recursos vivos silvestres*** (UICN, 2000). En ella establece en el punto 7(a): *El uso de los recursos silvestres vivos, si es sostenible, representa un importante instrumento de conservación a causa de los beneficios sociales y económicos derivados de dicho uso, que brinda incentivos para conservar los recursos.* Y a continuación en el 7(c): *Fomentar el uso sostenible de recursos silvestres vivos implica un proceso permanente de perfeccionamiento del manejo de dichos recursos.* Para, finalmente, dejar claramente asentado en el punto 7(d): *Dicho manejo debería ser adaptativo, incorporando el monitoreo y la capacidad de modificar el manejo para tener en cuenta los riesgos e incertidumbres.* También en otros documentos ha señalado la UICN la recomendación de utilizar la gestión adaptativa.

Igualmente el **Convenio sobre la Diversidad Biológica (CDB)** recomienda en los ***Principios de Addis Abeba*** (CDB, 2004) la utilización de la gestión adaptativa. Concretamente en el Principio IV se establece que: *Debe practicarse la gestión adaptable con base en: a) La ciencia y el conocimiento tradicional y local; b) La retroinformación iterativa, oportuna y transparente derivada de la vigilancia del uso, los impactos ambientales, socioeconómicos y de la situación del recurso que se está usando; y c) El ajuste de una gestión basada en la retroinformación oportuna de los procedimientos de vigilancia.*

Del mismo modo, las **Directrices de Caza Sostenible en Europa** recomiendan el uso de la gestión adaptativa en la directriz A10 (UICN, 2006): *Fomentar la toma de datos (cuando sea útil, subdivididos en sexos y clases de edad y con otros datos relevantes posibles) con el fin de entender mejor la dinámica de la población y para facilitar el seguimiento, la evaluación y, si es necesario, la revisión de la planificación de la gestión (cf. gestión adaptativa).*

Como último ejemplo, aunque podrían citarse muchos más, solamente hacer mención a que en la ***Carta Europea sobre Caza Sostenible y Biodiversidad*** (Brainerd, 2007) también se recomienda en varias ocasiones su uso a lo largo de todo el texto.

Definitivamente se puede afirmar sin ningún tipo de dudas que, para la gestión de la caza, la gestión cinegética adaptativa representa un gran avance en la práctica de la gestión de manera más eficiente económica, social y ambientalmente. Desde el punto de vista económico, rentabilizando el recurso. Desde el punto de vista social, optimizando los beneficios sociales que puedan generarse en cada caso. Y, finalmente, desde el punto de vista ambiental, obteniendo una mejor gestión del territorio que logrará con ello beneficios globales de conservación. La gestión cinegética adaptativa representa el método que la gestión de la caza necesita para alcanzar un mayor nivel de eficacia.

1.9.- Del rendimiento sostenido a la caza sostenible

Obtener el rendimiento sostenido de las especies cinegéticas sin sobreexplotarlas, hoy ya no es suficiente. El adecuado aprovechamiento de la caza implica actualmente la puesta en práctica de su gestión para llevarlo a cabo de la manera más eficiente posible desde los puntos de vista ambiental, económico y social. Sin embargo, la gestión de la caza no es una carta blanca para hacer cualquier cosa. Existen límites. El aprovechamiento de la caza y su correspondiente gestión no solo debe respetar el nivel poblacional, la no sobrexplotación de las poblaciones cinegéticas, también debe respetar los niveles genético y ecosistémico (Milner-Gulland *et al.*, 2009). El aprovechamiento y la gestión de la caza no deben afectar negativamente a la genética de las propias especies cinegéticas en cuanto especies naturales silvestres, ni a los ecosistemas en los que se integran.

Las especies cinegéticas no son independientes de sus ecosistemas. Las especies cinegéticas silvestres naturales, además de un legítimo recurso para el hombre, cumplen otras muchas funciones en los ecosistemas. Todo lo cual debe respetarse y armonizarse adecuadamente. Contemplar y respetar este punto de partida es básico para avanzar en un aprovechamiento y gestión de la caza cada vez más sostenible. La caza sostenible constituye el paradigma más adecuado para hacer frente con suficiente certeza de acierto a los retos a los que se enfrenta actualmente la caza.

CAPÍTULO 2

ANTECEDENTES DE SOSTENIBILIDAD Y CAZA SOSTENIBLE

2.1.- Nacimiento y desarrollo de la conciencia ambiental. Derecho ambiental internacional: surgimiento y evolución de instituciones e instrumentos jurídicos internacionales de derecho ambiental en relación al concepto de sostenibilidad

    2.1.1.- Primer periodo
    2.1.2.- Segundo periodo
    2.1.3.- Tercer periodo
    2.1.4.- Cuarto periodo

2.2.- Nacimiento y desarrollo del concepto de uso sostenible. Desarrollo de los instrumentos jurídicos de uso sostenible y caza sostenible

    2.2.1.- Contexto Internacional
    Naciones Unidas (ONU)
    Unión Internacional para la Conservación de la Naturaleza (UICN)
    Consejo Internacional de la Caza y Conservación de la Fauna (CIC)

    2.2.2.- Contexto Europeo
    Consejo de Europa (COE)
    Unión Europea (UE)
    European Landowner Organization (ELO)
    Agencia Federal de Medioambiente de Austria

El concepto de sostenibilidad aplicado a la caza, su conformación a lo largo del tiempo hasta materializarse en las propuestas actualmente existentes, ha pasado por un largo proceso. Para entender adecuadamente este proceso, debe inicialmente situarse en su contexto histórico.

Para ver la evolución de este proceso histórico, se ha dividido su desarrollo en dos partes:

- Nacimiento y desarrollo de la conciencia ambiental. Derecho ambiental internacional: surgimiento y evolución de instituciones e instrumentos jurídicos internacionales de derecho ambiental en relación al concepto de sostenibilidad

- Nacimiento y desarrollo del concepto de uso sostenible. Desarrollo de los instrumentos jurídicos de uso sostenible y caza sostenible

2.1.- Nacimiento y desarrollo de la conciencia ambiental. Derecho ambiental internacional: surgimiento y evolución de instituciones e instrumentos jurídicos internacionales de derecho ambiental en relación al concepto de sostenibilidad

Aunque el concepto de uso u aprovechamiento sostenido de los recursos naturales renovables estaba ya claramente definido en la ciencia forestal[13] desde el siglo XIX (Alcanda, 2000; Gómez, 2005) y, posteriormente, en el aprovechamiento de la pesca comercial y del resto de recursos naturales renovables bióticos en el siglo XX basados en los conocimientos de *harvesting theory* (Leopold, 1933; Clark, 1976; Caughley, 1977; Getz y Haight, 1989; Milner-Gulland y Mace, 2009), no es hasta la segunda mitad del siglo XX cuando se comienza a tomar conciencia generalizada de la problemática ambiental y, a partir de ello, evolucionar hasta alcanzar la concepción de sostenibilidad materializada en 1980 en el informe de la UICN (Unión Internacional para la Conservación de la Naturaleza) *Estrategia Mundial para la Conservación* (UICN, 1980) y, posteriormente, en el mucho más conocido *Informe Brundtland, Nuestro*

---

[13].- La silvicultura es la disciplina de conocimiento en la que surge la concepción de uso u aprovechamiento sostenido de los recursos naturales renovables. En la temprana fecha de 1713, Hans Carl von Carlowitz publicó «*Sylvicultura oeconomica: instrucciones para el cultivo natural de árboles*», en la que ya aparece reflejado el concepto.

Futuro Común, de 1987 (WCED, 1987), desarrollado en el seno de la Organización de Naciones Unidas (ONU).

Hasta la segunda mitad del siglo XX el medio ambiente no se configura como un concepto generalizado a nivel global de defensa de la Naturaleza y preocupación por su deterioro. Desde ese momento hay un gran desarrollo de instrumentos de derecho internacional que posibilitan la protección ambiental. El medio ambiente se convierte así en un bien jurídico a proteger tutelado por el surgimiento de un derecho ambiental internacional. Es, por tanto, a través del desarrollo de este derecho ambiental internacional como se va configurando un corpus legal que da cobertura a la defensa del medio ambiente.

La cronología de este proceso, siguiendo a Sands y Peel (Sands y Peel, 2012), aunque adaptándolo a las especiales circunstancias de este estudio, e incluyendo también no solo los instrumentos de derecho ambiental, sino hechos concretos que han representado un importante papel en el nacimiento y desarrollo de la generalización global de la conciencia ambiental, se puede dividir en cuatro etapas:

1. Un primer periodo que abarca desde finales del siglo XIX hasta la creación de las organizaciones internacionales de 1945.

2. Un segundo periodo englobaría desde la creación de las Naciones Unidas hasta la Conferencia de Estocolmo de 1972.

3. El tercer periodo incluiría desde la Conferencia de Estocolmo de 1972 hasta la Conferencia de Río de 1992. Destaca en este periodo el Informe Brundtland de 1987, a partir del cual se generaliza el conocimiento y adopción del concepto de sostenibilidad.

4. El cuarto periodo comprende desde 1992 en adelante, a partir de la Conferencia de Rio, etapa en la que se impone definitivamente el concepto de sostenibilidad como pilar fundamental en el que se sustenta la temática ambiental, inicialmente a través de la formulación del desarrollo sostenible, y ya posteriormente de manera transversal a cualquier faceta en la que lo ambiental tenga presencia.

2.1.1.- Primer periodo

Durante el **primer periodo (Finales S. XIX - 1945)** se producen los primeros acuerdos internacionales de contenido ambiental, orientados fundamentalmente a la conservación de la vida silvestre o de espacios naturales. En todo caso, se trataría de los iniciales intentos de este tipo, de escaso alcance práctico al carecerse aún de instrumentos jurídicos e institucionales que pudiesen hacer efectiva su ejecución.

Los primeros convenios de este tipo estaban principalmente enfocados a la protección de recursos en cuanto útiles al hombre por su explotación económica (Lozano, 2012). Así, por ejemplo, los Convenios de París de 1867 y de Belgrado de 1902, respectivamente, relativos al control de explotación de recursos pesqueros; o el Convenio de Washington de 1911 para la protección de focas por su aprovechamiento para peletería. Aunque también los hubo dirigidos a la conservación de la vida silvestre en general, si bien con un marcado sentido de utilidad, como el de Londres de 1900, para la protección de las especies animales de África: *"Convención para asegurar las especies animales que viviendo en África en estado salvaje son útiles al hombre o inofensivas"* (Olivart, 1906), suscrito también por España.

También en este periodo se producen las primeras protecciones de espacios declarados como Parques Nacionales, aunque normalmente aún no por su flora o fauna, o por sus ecosistemas en su conjunto, sino por sus condiciones especiales de espectacularidad paisajística debidas a su conformación geológica o geomorfológica. Así, el primer Parque declarado en el mundo fue el de Yellowstone en Estados Unidos en 1872. En España, en 1918, se crearon simultáneamente los Parques Nacionales de la Montaña de Covadonga y del Valle de Ordesa.

2.1.2.- Segundo periodo

Un **segundo periodo (1945 - 1972)** en el desarrollo del derecho ambiental internacional abarca desde la creación de Naciones Unidas hasta la Conferencia de Estocolmo de 1972. Durante esta etapa es cuando comienza a configurarse progresivamente la conciencia ambiental y la actuación de las organizaciones en la protección del medio ambiente. A ello ayuda significativamente el nacimiento en esta etapa de movimientos ideológicos a favor de la vuelta a la tierra y la protección de la Naturaleza (Roszak, 1969; Caldwell, 1972). A la par, las mismas manifestaciones evidentes de impacto ambiental sobre el medio debidas a los efectos del desarrollo industrial (Carson, 1963), hacen también que la sociedad vaya tomando conciencia progresivamente, aunque en esta etapa aún de manera no muy generalizada, de las consecuencias indeseadas y negativas para el medio ambiente del modelo de desarrollo imperante (Ward y Dubos, 1972; Meadows *et al.*, 1972*).*

Así, en 1948 nace la Unión Internacional para la Conservación de la Naturaleza (UICN), a partir de una iniciativa del primer director de la UNESCO, Sir Julian Huxley, como una institución independiente para la investigación y conservación del medio ambiente. En la actualidad es la más prestigiosa organización mundial en este sentido. Posteriormente, en 1961 se crea el World Wildlife Fund (WWF), que constituye actualmente la mayor organización conservacionista del mundo.

Dentro de este contexto, aunque en su Carta fundacional de 1945 la Organización de Naciones Unidas (ONU) no contempló los temas medioambientales, ya en la temprana fecha de 1949 la ONU organizó la *Conferencia Científica de las Naciones Unidas sobre la Conservación y la Utilización de los Recursos* (*United Nations Scientific Conference on the Conservation and Utilisation of Resources, UNSCCUR*) (Gibboney, 1949), de la que no surgió ninguna recomendación, limitándose al intercambio de ideas y experiencias, aunque sin embargo supuso un importante paso de toma de conciencia de la competencia de la ONU en temas medioambientales, dando lugar a partir de entonces a un proceso creciente de creación de organizaciones y realización de tratados en favor del medio ambiente.

Todos estos procesos de concienciación ciudadana en esta etapa dieron lugar en Estados Unidos a la promulgación en 1969 de la *Environmental Policy Act* (Hanks y Hanks, 1969), primera norma global de carácter ambiental llevada a cabo por un Estado.

En cuanto a los acuerdos internacionales suscritos en esta época, es de destacar la **Convención sobre los Humedales de Importancia Internacional**, más conocida como *Convención de Ramsar* (Gardner y Davidson, 2011), el cual es un tratado internacional a favor de la conservación y el uso racional de los humedales, siendo el primer tratado ambiental internacional dirigido a la conservación de un ecosistema en concreto. El tratado se adoptó en la ciudad iraní de Ramsar en 1971. La filosofía de Ramsar gira en torno al concepto de "**uso racional**", el cual puede considerarse actualmente totalmente sinónimo de uso sostenible. En su redacción actual, Ramsar entiende como uso racional referido a los humedales: *"el mantenimiento de sus características ecológicas, logrado mediante la implementación de enfoques por ecosistemas, dentro del contexto de desarrollo sostenible".* Lo cual implica una visión más amplia que la meramente restrictiva basada en la total protección, contemplando la posibilidad de su adecuado aprovechamiento sostenible.

Dentro de la Organización de Naciones Unidas, en el año 1968, en la **Resolución 1346 (XLV)**, de 30 de julio (ONU, 1968a), el Consejo Económico y Social, *"Observando el deterioro constante y acelerado de la calidad del medio humano causado por factores como la contaminación del aire y de las aguas, la erosión, y otras formas de deterioro del suelo, los efectos secundarios de los biocidas, los desechos y el ruido",* propone a la Asamblea General que incluya la cuestión de los *"problemas del medio humano"* (así se llamó entonces a la problemática ambiental) en el programa de su vigésimo tercer periodo de sesiones.

En el 23° periodo de sesiones, la Asamblea General aprobó la **Resolución 2398 (XXIII),** de 3 de diciembre de 1968 (ONU, 1968b), en la que se constatan las profundas modificaciones que estaba experimentando el medio a consecuencia de la actividad humana y en la que se decide convocar una *Conferencia de las Naciones Unidas sobre el Medio Humano* para tratar estos temas.

En 1972, la **Conferencia de las Naciones Unidas sobre el Medio Humano** se celebró en Estocolmo del 5 al 16 de junio. En la Conferencia se aprobó la denominada **Declaración de Estocolmo** (Brunnée, 2009), compuesta por 26 Principios y 103 Recomendaciones, en donde se constata por primera vez una visión ambiental del mundo. Por recomendación de la Conferencia de Estocolmo se creó el **Programa de Naciones Unidas para el Medio Ambiente (PNUMA)** a partir de la Resolución de la Asamblea General 2997/XXIV, de 15 de diciembre de 1972, con la finalidad de velar por la protección del entorno y coordinar las actividades de las Naciones Unidas relacionadas con el medio ambiente. Al PNUMA se le considera uno de los máximos exponentes mundiales de la temática ambiental.

Paralelamente, en 1972 el **Club de Roma** publica el informe *Los Límites del Crecimiento* (Meadows *et al.*, 1972), en el que se plantea la tesis de la limitación de los recursos del planeta ante la tasa de incremento de la población mundial, lo cual se proyecta como insostenible a medio plazo.

También en 1972, la **UNESCO** puso en marcha el programa *El Hombre y la Biosfera (Man and the Biosphere, MaB)*. El MaB es una iniciativa de investigación medioambiental con la finalidad de promover la utilización racional y la conservación de los recursos. El programa MaB lleva 40 años desarrollándose de manera ininterrumpida (Ishwaran, 2012).

En 1973, como resultado de una resolución de la **UICN**, se elabora el **Convenio CITES**, *Convenio sobre el Comercio Internacional de Especies Amenazadas de Fauna y Flora Silvestres (Convention on International Trade in Endangered Species of Wild Fauna and Flora, CITES)* para preservar la conservación de las especies amenazadas de fauna y flora silvestres, controlando su comercio (Wijnstekers, 2003). Actualmente, está suscrito por casi todos los países del mundo. Las especies incluidas en el Convenio CITES, lo están en alguno de sus tres Apéndices. El Apéndice I, incluye las especies con un mayor peligro de extinción, cuyo comercio está prohibido. El Apéndice II incluye las especies que, aunque no estén en peligro de extinción, podrían llegar a estarlo. El Apéndice III incluye las especies menos vulnerables, pero que se encuentran protegidas en al menos un país.

En el contexto europeo, la Comunidad Europea, al igual que ocurrió con la ONU, tampoco contempló la política ambiental en sus tratados fundacionales. Hasta la década de los años 1970, coincidiendo con la conciencia ambiental que comienza a surgir masivamente en ese momento, no aparece una clara referencia a la cuestión en el seno de la Comunidad Europea. El *Primer Programa Ambiental de la Comunidad Europea*, que abarcó de 1973 a 1976, constituye el primer hito de política ambiental en el marco europeo (Fernández de Gatta, 2008).

La coincidencia en el tiempo de la publicación del informe *Los Límites del Crecimiento* del Club de Roma, la *Declaración de Estocolmo* de la ONU, el programa *El Hombre y la Biósfera* de la UNESCO, y los tratados RAMSAR y CITES, así como, dentro del contexto europeo, el *Primer Programa Ambiental de la Comunidad Europea*, hace que a partir de este momento la temática ambiental quede, por así decirlo, oficialmente reconocida y pase a ser parte del interés y preocupación pública desde entonces.

2.1.3.- Tercer periodo

El **tercer periodo (1972 - 1992)** se inicia en estas fechas, utilizándose normalmente como referente para ello la realización de la Conferencia de

Estocolmo en 1972. En esta etapa es el momento en el que comienza a utilizarse el concepto de sostenibilidad, primeramente vinculado al desarrollo sostenible, y posteriormente ya generalizado a todo contexto ambiental.

Es durante esta etapa, sobre todo en su parte final, en donde se enmarca el nacimiento del reconocimiento generalizado del concepto de sostenibilidad, a partir del cual se va gestando progresivamente todo el entramado jurídico ambiental internacional en el que se asienta, como una derivada más, el tema del que se trata en el presente estudio, esto es, la caza sostenible.

En 1980, la **Unión Internacional para la Conservación de la Naturaleza (UICN)**, la más prestigiosa organización internacional dedicada a la conservación con respaldo científico de la Naturaleza, creada en 1948 bajo el auspicio de la UNESCO, junto con el **Programa de las Naciones Unidas para el Medio Ambiente (PNUMA)** y el **Fondo Mundial para la Naturaleza (WWF)**, publican la *Estrategia Mundial para la Conservación (World Conservation Strategy)* (UICN, 1980). Con el ilustrativo subtítulo de *La conservación de los recursos vivos para un desarrollo sostenido*, es la primera publicación de rango internacional que hace clara referencia a la sostenibilidad, adelantándose con ello en unos años al mucho más célebre informe *Nuestro Futuro Común* (WCDE, 1987), más conocido como *Informe Brundtland*, de 1987.

La finalidad de la *Estrategia Mundial para la Conservación* es alcanzar tres principales objetivos de conservación de los recursos naturales vivos:

- Mantener los procesos ecológicos esenciales y los sistemas vitales

- Preservar la diversidad genética

- Asegurar el aprovechamiento sostenido de las especies y de los ecosistemas

Claramente la *Estrategia Mundial para la Conservación* de 1980 de UICN, PNUMA y WWF (apoyado también por la FAO y la UNESCO), constituye un hito fundamental, aunque desgraciadamente no suficientemente reconocido, en el proceso histórico del actual paradigma global medioambiental (McCormick, 1986).

En 1982, la **Asamblea General de las Naciones Unidas** en su Resolución 37/7, de 28 de octubre, aprobó la *Carta Mundial de la Naturaleza* (ONU, 1982). Basada en la *Estrategia Mundial para la Conservación* de la UICN, fue aprobada por 118 estados miembros de la ONU. El texto consta de 24 Principios de Conservación, en donde se expresa el propósito general de respeto a la naturaleza y a sus procesos esenciales. Así, los cinco primeros Principios, englobados bajo el título genérico de Principios Generales, expresan los fundamentos básicos sobre los que se sustenta la *Carta*. Entre ellos, el Principio 1 declara: *Se respetará la naturaleza y no se perturbarán sus procesos esenciales.* El Principio 2: *No se amenazará la viabilidad genética en la Tierra: la población de todas las especies, silvestres y domesticadas, se mantendrá a un nivel por lo menos suficiente para garantizar sus supervivencia; asimismo, se salvaguardarán los hábitats necesarios para ello.* Y el Principio 4: *Los ecosistemas y los organismos, así como los recursos terrestres, marinos y atmosféricos que son utilizados por el hombre, se administrarán de manera tal para lograr y mantener su productividad óptima y continua sin por ello poner en peligro la integridad de los otros ecosistemas y especies con los que coexistan.*

La *Carta Mundial de la Naturaleza*, aunque no vinculante para los estados miembros que la firmaron, sí supone un hito importante en el proceso histórico de conformación de la temática ambiental y de conservación a nivel mundial.

Es durante esta etapa, concretamente en 1979, cuando surgen en el contexto europeo el *Convenio relativo a la Conservación de la Vida Silvestre y del Medio Natural en Europa*, más conocido como *Convenio de Berna* (COE, 1979), promovido por el **Consejo de Europa,** así como la *Directiva 79/409/CEE del Consejo, de 2 de abril de 1979, relativa a la conservación de las aves silvestres,* conocida como la *Directiva Aves* (UE, 1979), emanada de la **Unión Europea.**

El **Convenio de Berna** fue promovido por el **Consejo de Europa** con la finalidad de preservar la vida silvestre y el medio natural en Europa.

Los objetivos del Convenio son tres:

- Conservar la flora y fauna silvestre y los hábitats naturales.

- Promover la cooperación entre los Estados.

- Prestar especial atención a las especies en peligro de extinción y vulnerables, incluidas las especies migratorias.

A través de él, los estados miembros del Consejo de Europa que han ratificado el Convenio se comprometen a:

- Establecer políticas nacionales de conservación de la flora, la fauna silvestre y de los hábitats naturales.

- Integrar la conservación de la flora y de la fauna silvestre en sus políticas nacionales de planificación, desarrollo y medio ambiente.

- Fomentar la educación y la difusión de la información sobre la necesidad de conservar las especies y sus hábitats.

El Convenio de Berna afecta prácticamente a toda Europa, más algunos países africanos que también lo han ratificado, siendo, en este sentido, el tratado de conservación de la naturaleza por excelencia de Europa. Se basa en la adopción de una lista de especies protegidas común para toda Europa, pero sin embargo, abierta a las excepciones propias de cada país. Para vigilar su cumplimiento existe un Comité Permanente.

Las especies se clasifican en 4 Apéndices:

- Apéndice I: Especies de flora estrictamente protegida.

- Apéndice II: Especies de fauna estrictamente protegida.

- Apéndice III: Especies de fauna protegida.

- Apéndice IV: Medios y métodos de caza y otras formas de explotación prohibidos.

Todas las especies incluidas en los Apéndices I y II están rigurosamente protegidas. Las excepciones a nivel de cada Estado a esta lista deben basarse en las estrictas condiciones establecidas en el artículo 9.

Las especies de fauna que aparecen en el Apéndice III están protegidas, sin embargo, existe la posibilidad de un cierto nivel de aprovechamiento si la situación de su población lo permite.

En el Apéndice IV se incluyen los medios y métodos prohibidos de caza, así como los medios y métodos prohibidos de aprovechamiento de las poblaciones cuando su uso se encuentra permitido independientemente de la caza.

El Convenio de Berna, además de establecer las fórmulas de obligado cumplimiento a través de los listados de sus Apéndices, también elabora documentos que son recomendaciones específicas sobre temas concretos que afectan a las especies de flora y fauna y a los espacios naturales, dentro de los cuales se enmarca, por ejemplo, la *Carta Europea sobre Caza y Biodiversidad* (COE, 2007).

La **Directiva 79/409/CEE del Consejo, de 2 de abril de 1979, relativa a la conservación de las aves silvestres,** conocida normalmente como **Directiva Aves** (UE, 1979), tiene por objeto proteger y conservar las especies de aves silvestres que viven en Europa, así como regular su explotación cuando alguna especie sea susceptible de ello. La conservación y restauración de sus hábitats, también es objeto de esta Directiva. En ella se contempla la autorización de la caza de determinadas especies, siempre que se respeten ciertas condiciones como son la utilización de métodos de captura adecuados, utilización racional, etc.

A las disposiciones de conservación instituidas en la Directiva, los estados miembros podrán establecer excepciones, con ciertas condiciones, procurando que no sean incompatibles con los principios en los que se funda la Directiva.

Como hecho culminante de esta etapa, hay que destacar muy significativamente el que la ONU estableció en 1983 la *Comisión Mundial sobre Medio Ambiente y Desarrollo (World Commission on Environment and Development, WCED)*, de la que deriva el hoy conocido popularmente como informe Brundtland. El informe, denominado *Nuestro Futuro Común*, fue publicado en 1987. A partir de él, se populariza el término y el concepto de **desarrollo sostenible.** El Informe Brundtland entiende por desarrollo sostenible *"el satisfacer las necesidades de la generación presente sin comprometer la capacidad de las generaciones futuras para satisfacer sus propias necesidades"* (WCED, 1987). Definición que ha hecho fortuna y ha pasado al acervo común, siendo empleada desde entonces como parte sustancial del concepto mismo de sostenibilidad.

2.1.4.- Cuarto periodo

El **cuarto periodo (1992 - Actualidad)** se inicia a partir de la **Conferencia de Rio de Janeiro** de 1992. En esta etapa se impone ya definitivamente el concepto de sostenibilidad, primeramente vinculado al desarrollo sostenible, y posteriormente ya generalizado a todo contexto ambiental. El objetivo de la sostenibilidad se establece desde entonces como el fin fundamental de toda acción ambiental.

A partir de una propuesta del Informe Brundtland, bajo los auspicios de Naciones Unidas, se celebró en Rio de Janeiro, en 1992, la *Conferencia de las Naciones Unidas sobre Medio Ambiente y Desarrollo*. Como resultado de la Conferencia de Río surgen dos Declaraciones de Principios (**Declaración de Río sobre Medio Ambiente y Desarrollo** y la inicialmente denominada **Principios para un consenso global sobre la gestión, conservación y desarrollo sostenible de todo tipo de bosques**, más conocida actualmente como **Declaración de Principios Forestales**), dos Convenios Internacionales (**Convenio sobre Diversidad Biológica** y **Convenio Marco de Naciones Unidas sobre Cambio Climático**, ambos legalmente vinculantes para las partes firmantes) y un Programa de Acción para poder alcanzar el desarrollo sostenible en el s. XXI (**Agenda 21**) (Jhonson, 1993).

Su éxito fue evidente y constituye todo un hito fundamental en el desarrollo de la historia del derecho ambiental internacional por la adopción de instrumentos jurídicos que se han ido consolidando y dando lugar a doctrina aplicada a lo largo de los años en los más diversos campos en los que el medio ambiente penetra de manera transversal (Zai-rong, 2006).

Reconociendo la importancia de todos los instrumentos surgidos de la Conferencia de Río, no se entra a describirlos en este estudio ya que su alcance traspasa el tema de interés que aquí nos ocupa. A los efectos de la temática que en este trabajo se desarrolla, esto es, el uso sostenible de los recursos naturales renovables vivos, centrado concretamente en la caza, hay que referirse muy especialmente al Convenio sobre Diversidad Biológica.

El **Convenio sobre Diversidad Biológica (CDB)** (Glowka *et al.,* 1994) fue adoptado durante la Conferencia de Río, en 1992, por 153 Estados en ese momento, lo que indica su importancia mundial ya desde sus inicios. Es un Tratado vinculante, lo que implica que los Estados firmantes están obligados a respetar sus disposiciones, basado en tres objetivos fundamentales:

1. La conservación de la diversidad biológica

2. El uso sostenible de los componentes de la diversidad biológica

3. La distribución equitativa de los beneficios derivados de la utilización de los recursos genéticos

El "**uso sostenible**" se define en su artículo 2 como: *"la utilización de componentes de la diversidad biológica de un modo y a un ritmo que no ocasionen la disminución a largo plazo de la diversidad biológica, con lo que se mantienen las posibilidades de esta de satisfacer las necesidades y las aspiraciones de las generaciones actuales y futuras"*, desarrollándose su aplicación en el artículo 10.

El Convenio sobre Diversidad Biológica es el principal instrumento jurídico internacional para orientar sobre la conservación y utilización sostenible de la diversidad biológica. Se trata de un gran acuerdo marco, que desarrolla muchas de sus aportaciones a través de protocolos específicos a cada caso. Seguramente su aportación fundamental es la búsqueda de fórmulas que conjuguen adecuadamente la conservación y la utilización sostenible de los recursos biológicos. Los recursos naturales biológicos no son infinitos y debe afrontarse su utilización o uso de manera sostenible de tal modo que no afecte a largo plazo a su diversidad ni disponibilidad, beneficiando en sus necesidades a la humanidad. Con ello se inicia una nueva manera de enfocar el uso y conservación de los recursos biológicos, considerando la diversidad biológica en toda su amplitud, desde los ecosistemas a las especies individuales concretas. Una visión basada en aportar a la hasta entonces imperante filosofía de conservación, fundamentada en la protección de especies y hábitats particulares, un nuevo punto de vista. Una nueva etapa, sin olvidar la validez de las fórmulas tradicionales de conservación, pero avanzando un paso hacia adelante al reconocer que toda la diversidad biológica debe ser objeto de conservación a la vez que, cuando ello es posible, ser susceptible de utilización en beneficio de las necesidades humanas de manera sostenible en el tiempo, sin menoscabar sus posibilidades a futuro (Swanson, 2013)

El Convenio sobre Diversidad Biológica es un tratado dinámico, que evoluciona en la búsqueda de aportaciones de orientación a la toma de decisiones en el marco de la conservación de la diversidad biológica, de su utilización sostenible y, como nexo de unión entre ambas, de hacer posible su compatibilización. Actualmente, su principal programa de acción es el *Plan estratégico para la Diversidad Biológica 2011-2020*. Se trata de un programa marco para diez años para proteger la diversidad biológica a la vez que se mejoran los beneficios para las personas. El plan se compone fundamentalmente de un conjunto de objetivos estratégicos y 20 metas alcanzables, que se conocen como *Metas de Aichi* (CDB, 2010).

Entre los múltiples aspectos que ha tratado el CDB desde su creación, hay que destacar fundamentalmente dos con respecto al tema de estudio de este trabajo. Por un lado, en el año 2000, el **enfoque por ecosistemas** (CDB, 2004a) para la ordenación de los recursos naturales vivos, concretado en cuanto a sus principios y directrices en los denominados *Principios de Malawi* de 1998 y, por otro, el **uso sostenible** de estos mismos recursos plasmado en los *Principios y Directrices de Addis Abeba* en 2004 (CDB, 2004b).

El **enfoque por ecosistemas** es un concepto aplicado a la gestión de la biodiversidad basado en una ordenación de los ecosistemas, manteniendo o restableciendo su organización y funcionamiento. En él debe contemplarse también la satisfacción de las necesidades humanas. Su aplicación supera el tradicional enfoque de conservación basado normalmente en una única especie y, en muchos casos, en la prohibición de la mayoría de los usos humanos. Se trata, por tanto, de un enfoque integrado de todos los componentes del ecosistema, incluido el hombre y sus necesidades. No obstante, el enfoque por ecosistemas no excluye otros modelos tradicionales de conservación o de gestión, que también pueden ser útiles dependiendo de las circunstancias, sino que los integra posibilitando también su utilización cuando ello resulta recomendable. Es importante señalar que no hay una manera única de emplear el enfoque por ecosistemas, sino que más bien se trata de una formulación conceptual y un marco práctico desde el que partir para acercarse de la mejor manera posible en cada caso a una realidad siempre compleja (Waltner-Toews *et al.*, 2008).

En la 5ª conferencia del CDB, celebrada en 2000, se formularon los 12 Principios, conocidos como Principios de Malawi, y 5 Directrices Operacionales para la utilización de este enfoque.

Los doce principios son (CDB, 2004a):

1. La elección de los objetivos de la gestión de los recursos de tierras, hídricos y vivos debe quedar en manos de la sociedad.

2. La gestión debe estar descentralizada al nivel apropiado más bajo.

3. Los administradores de ecosistemas deben tener en cuenta los efectos (reales o posibles) de sus actividades en los ecosistemas adyacentes y en otros ecosistemas.

4. Dados los posibles beneficios derivados de su gestión, es necesario comprender y gestionar el ecosistema en un contexto económico. Este tipo de programa de gestión de ecosistemas debería: a) Disminuir las distorsiones del mercado que repercuten negativamente en la diversidad biológica; b) Orientar los incentivos para promover la conservación y la utilización sostenible de la diversidad biológica; c) Procurar, en la medida de lo posible, incorporar los costos y los beneficios en el ecosistema de que se trate.

5. A fin de mantener los servicios de los ecosistemas, la conservación de la estructura y el funcionamiento de los ecosistemas debería ser un objetivo prioritario del enfoque por ecosistemas.

6. Los ecosistemas se deben gestionar dentro de los límites de su funcionamiento.

7. El enfoque por ecosistemas debe aplicarse a las escalas espaciales y temporales apropiadas.

8. Habida cuenta de las diversas escalas temporales y los efectos retardados que caracterizan a los procesos de los ecosistemas, se deberían establecer objetivos a largo plazo en la gestión de los ecosistemas.

9. En la gestión debe reconocerse que el cambio es inevitable.

10. En el enfoque por ecosistemas se debe procurar el equilibrio apropiado entre la conservación y la utilización de la diversidad biológica, y su integración.

11. En el enfoque por ecosistemas deberían tenerse en cuenta todas las formas de información pertinente, incluidos los conocimientos, las innovaciones y las prácticas de las comunidades científicas, indígenas y locales.

12. En el enfoque por ecosistemas deben intervenir todos los sectores de la sociedad y las disciplinas científicas pertinentes.

Los cinco elementos de orientación operacional consisten en:

1. Prestar atención prioritaria a las relaciones funcionales de la diversidad biológica en los ecosistemas

2. Mejorar la distribución de los beneficios.

3. Utilizar prácticas de gestión adaptables.

4. Aplicar medidas de gestión a escala apropiada para el asunto que se esté abordando, descentralizando esa gestión al nivel más bajo, según proceda.

5. Asegurar la cooperación intersectorial.

En cuanto al **uso sostenible**, en la 7ª conferencia del CDB celebrada en Kuala Lumpur, Malasia, en 2004, se adoptó el documento consensuado un año antes en un seminario celebrado en Addis Abeba, Etiopia. El documento se denominó *Principios y Directrices de Addis Abeba para la utilización sostenible de la diversidad biológica*. En él se establecen 14 Principios con sus correspondientes directrices operacionales (CDB, 2004b):

1. Se dispone de políticas de apoyo, leyes e instituciones a todos los niveles de gobierno y hay vínculos eficaces entre estos niveles.

2. Al reconocer la necesidad de un marco de gobierno consistente con las leyes internacionales y nacionales, los usuarios locales de los componentes de la diversidad biológica deben estar suficientemente dotados de poder y apoyados por derechos para asumir la responsabilidad del uso de los recursos concernientes.

3. Las políticas, leyes y reglamentaciones internacionales, y nacionales que perturban los mercados, que contribuyen a la degradación de los hábitats o, además de eso, generan incentivos perjudiciales que socavan la conservación y utilización sostenible de la diversidad biológica deben identificarse y eliminarse o mitigarse.

4. Debe practicarse la gestión adaptable con base en: a) La ciencia y el conocimiento tradicional y local; Principios y directrices de Addis Abeba para la utilización sostenible de la diversidad biológica. b) La retroinformación iterativa, oportuna y transparente derivada de la vigilancia del uso, los impactos ambientales, socioeconómicos y de la situación del recurso que se está usando; y c) El ajuste de una gestión basada en la retroinformación oportuna de los procedimientos de vigilancia.

5. Las metas y prácticas de gestión de la utilización sostenible deben evitar o reducir al mínimo los impactos adversos en los servicios, la

estructura y las funciones de los ecosistemas, así como en otros de sus componentes.

6. Debe promoverse y apoyarse la investigación interdisciplinaria de todos los aspectos de la utilización y conservación de la diversidad biológica.

7. La escala especial y temporal de la gestión debe ser compatible con las escalas ecológica y socioeconómica del uso y su impacto.

8. Debe haber arreglos para la cooperación internacional en los casos en los que se requiera la toma de decisiones y la coordinación multinacionales.

9. Debe aplicarse un enfoque interdisciplinario y participativo a los niveles adecuados de gestión y gobierno que se relacionan con el uso.

10. Las políticas internacionales y nacionales deben tomar en cuenta: a) Los valores presentes y futuros que se derivan del uso de la diversidad biológica; b) Los valores intrínsecos y otros valores no económicos de la diversidad biológica; y c) Las fuerzas del mercado que repercuten en los valores y el uso.

11. Los usuarios de los componentes de la diversidad biológica deben buscar reducir al mínimo los desechos y los impactos ambientales adversos y optimizar los beneficios de los usos.

12. Las necesidades de las comunidades indígenas y locales que viven de la utilización y la conservación de la diversidad biológica, y que se ven afectadas por éstas, deben reflejarse, junto con sus contribuciones a esta conservación y utilización sostenible, en la participación equitativa en los beneficios que se derivan del uso de esos recursos.

13. Los costos de gestión y conservación de la diversidad biológica deben interiorizarse dentro del área de gestión y reflejarse en la distribución de los beneficios que se derivan del uso.

14. Deben ponerse en práctica programas de educación y conciencia pública sobre conservación y utilización sostenible y desarrollarse métodos de comunicación más eficaces entre los interesados directos y los gerentes.

El **uso sostenible de la biodiversidad** es uno de los tres pilares fundamentales del Convenio sobre Diversidad Biológica (CDB). Por ello, debe ser fuertemente recalcado como uno de los objetivos primordiales que, a través de la ratificación del CDB por parte de los Estados, se incorpora a nivel mundial como un referente básico que debe guiar el ordenamiento y gestión de sus recursos naturales biológicos.

El uso racional y sostenible de los bienes y servicios que ofrece la diversidad biológica, distribuyendo equitativamente sus beneficios, suele ser una manera altamente eficaz de acicate de conservación para las sociedades que disfrutan de estos beneficios. El uso adecuado de la biodiversidad de manera sostenible se convierte así en una de las mejores fórmulas de conservación que existe (Fetene *et al.*, 2012)

Mientras tanto, la **Unión Internacional para la Conservación de la Naturaleza (UICN)**, establece en el Segundo Congreso Mundial de la Naturaleza, reunido en Amman en el año 2000, la *Declaración de política de la UICN acerca del uso sostenible de los recursos vivos silvestres* (UICN, 2000). En ella se recogen en 9 puntos de manera concisa y condensada las propuestas de la UICN sobre uso sostenible de la biodiversidad. En el punto 3º se declara: *"El uso, si es sostenible, puede atender a las necesidades humanas de modo perdurable y contribuir al mismo tiempo a la conservación de la diversidad biológica".* Y más adelante, en el punto 7º se propone: *"En base a este análisis, la UICN llega a las conclusiones siguientes: (a) El uso de los recursos silvestres vivos, si es sostenible, representa un importante instrumento de conservación a causa de los beneficios sociales y económicos derivados de dicho uso, que brindan incentivos para conservar los recursos. (b) Al utilizar recursos silvestres vivos, se debería procurar reducir al mínimo la pérdida de diversidad biológica. (c) Fomentar el uso sostenible de recursos silvestres vivos implica un proceso permanente de perfeccionamiento del manejo de dichos recursos. (d) Dicho manejo debería ser adaptativo, incorporando el monitoreo y la capacidad de modificar el manejo para tener en cuenta los riesgos e incertidumbres.*

A partir de aquí, queda perfectamente establecido internacionalmente que, primero, el uso sostenible de los recursos silvestres atiende a las necesidades humanas y contribuye a la conservación de la biodiversidad y, segundo, que fomentar el uso sostenible conlleva un perfeccionamiento de su gestión, la cual debería ser llevada a cabo preferentemente de manera adaptativa. **Uso, gestión y conservación** son las tres variables que, amparadas bajo el paraguas de la sostenibilidad, constituyen los parámetros fundamentales en los que se sustentan actualmente los recursos vivos silvestres para atender a las necesidades humanas, a la par que a su conservación.

2.2.- Nacimiento y desarrollo del concepto de uso sostenible. Desarrollo de los instrumentos jurídicos de uso sostenible y caza sostenible

A partir del surgimiento del *Convenio sobre la Diversidad Biológica (CDB)*, derivado de la Cumbre de Rio en 1992, se establecen ya las bases definitivas, conceptuales y jurídicas, sobre las que se sustenta la concepción de una legítima utilización de la diversidad biológica siempre que se base en un adecuado uso sostenible de sus recursos. Es a partir de este momento cuando se desarrollan toda una serie de instrumentos que llevan, en primer lugar, a la formulación conceptual y jurídica del uso sostenible de la diversidad biológica y, posteriormente, como una derivada más dentro del desarrollo de ésta, a la formulación de la concepción de la caza sostenible como una forma adecuada, legítima y en consonancia con la conservación de la biodiversidad, del aprovechamiento cinegético.

Para ver el desarrollo de estas formulaciones, se muestra cómo surgen estas propuestas dentro de cada uno de los organismos e instituciones que las promueven.

2.2.1.- Contexto Internacional

2.2.1.1.- Naciones Unidas (ONU)

La Organización de Naciones Unidas, o simplemente Naciones Unidas, es la más importante e influyente organización internacional de la que emanan las principales propuesta de avance para la concienciación ambiental, así como los instrumentos jurídicos fundamentales de derecho ambiental internacional reconocidos globalmente por la mayoría de las naciones.

Como ya se ha visto para sus primeras etapas, dentro de la ONU y a partir de sus propuestas, surgen instrumentos fundamentales, tanto conceptuales como jurídicos, que van dando lugar progresivamente a través del tiempo a las concepciones que permiten definir el marco teórico en el que nos situamos.

La *Conferencia de Estocolmo* y el *Programa del Medio Ambiente de las Naciones Unidas* (PNUMA), en 1972; la *Carta Mundial de la Naturaleza* en 1982; la *Comisión Mundial sobre Medio Ambiente y el Desarrollo*, en 1983, que da lugar al *Informe Bruntland* en 1987, y, definitivamente, la *Cumbre de Río* en 1992 de la que surge el fundamental *Convenio sobre la Diversidad Biológica* (CBD); son los hitos fundamentales que conforman las primeras etapas para ello dentro de esta organización internacional.

A partir de aquí, desde dentro del Convenio sobre Diversidad Biológica (CDB), surgen propuestas que progresivamente van avanzando, encauzando y creando un marco teórico y práctico desde el que aproximarse a la conservación, gestión y uso sostenible de la diversidad biológica.

Los Principios de Malawi o Enfoque por Ecosistemas, en el año 2000, y los Principios y Directrices de Addis Abeba, en 2004, ya vistos más arriba, son las principales aportaciones en este sentido surgidas del CDB.

2.2.1.2.- Unión Internacional para la Conservación de la Naturaleza (UICN)

La Unión Internacional para la Conservación de la Naturaleza (UICN) es una de las mayores y más antiguas organizaciones medioambientales del mundo. Y, con seguridad, la más prestigiosa de todas ellas. Fundada en 1948, está presente en 160 países y está compuesta por más de 1000 organizaciones miembro, tanto gubernamentales como no gubernamentales, así como más de 11000 científicos y expertos voluntarios. Su papel como autoridad en materia de medio ambiente y sostenibilidad es incuestionable y es altamente reconocida por ello en todo el mundo.

La UICN ha desarrollado desde su nacimiento una ingente cantidad de trabajo a favor de la conservación y de la utilización sostenible de recursos naturales. En lo que afecta al contenido de este estudio, se hará solamente mención a algunas de las aportaciones más importantes que ha desarrollado la UICN con respecto al uso sostenible de la biodiversidad, tanto genéricas como en relación con la caza.

La UICN estableció ya en 1980 en el documento *Estrategia Mundial para la Conservación* las bases del uso sostenible de las especies y los ecosistemas.

A partir de aquí, ha elaborado varios documentos estableciendo su punto de vista sobre este tema.

El más importante de todos ellos es el que promovió en el año 2000 en el 2º Congreso Mundial de la Naturaleza, reunido en Amman (Jordania). Se trata de la Resolución 2.29, *Declaración de política de la UICN acerca del uso sostenible de los recursos vivos silvestres.*

1.- Resolución 2.29, Declaración de política de la UICN acerca del uso sostenible de los recursos vivos silvestres

Con posterioridad a la *Estrategia Mundial Para la Conservación*, es el más importante de todos los documentos de la UICN sobre el tema del uso sostenible. Es interesante recordar su redacción completa (UICN, 2000).

Resolución 2.29 Declaración de política de la UICN acerca del uso sostenible de los recursos vivos silvestres.

RECORDANDO que la Resolución 1.39, *Iniciativa sobre el uso sostenible,* aprobada por el primer período de sesiones del Congreso Mundial de la Naturaleza, pedía al Grupo de Especialistas de Uso Sostenible (GEUS) de la Comisión de Supervivencia de Especies (CSE), que elaborase con urgencia un breve documento de política sobre el uso sostenible para que los miembros de la UICN presentasen sus comentarios por escrito, y para que la CSE tomase dichos comentarios en cuenta a la hora de preparar un texto definitivo con miras a su presentación al siguiente Congreso Mundial de la Naturaleza;

RECONOCIENDO que, de conformidad con la Resolución 1.39, el Comité Directivo del GEUS redactó una *Declaración de política acerca del uso sostenible de los recursos vivos silvestres,* que se adjunta a la presente Resolución;

RECONOCIENDO ASIMISMO que sucesivas versiones de esta declaración fueron revisadas por los miembros de los 14 GEUS regionales, los presidentes y miembros de los Grupos de Especialistas de la CSE, el Comité Directivo de la CSE, los Presidentes de otras Comisiones, los directores de los Programas Temáticos y Regionales de la UICN, y los miembros de la UICN;

RECONOCIENDO que el uso sostenible es uno de los tres componentes del objetivo del Convenio sobre la Diversidad Biológica, y que dicho Convenio define el término "uso sostenible";

TENIENDO PRESENTE que el Artículo 3 de la Convención de Ramsar sobre los Humedales obliga a sus Partes Contratantes a aplicar principios de uso racional, y que, en particular, la Convención ha preparado recientemente una serie de manuales para el uso racional;

OBSERVANDO ASIMISMO que las Partes en la Convención sobre el Comercio Internacional de Especies Amenazadas de Fauna y Flora Silvestre (CITES) han hecho suyo el principio del uso sostenible en la Resolución Conf. 8.3;

RECONOCIENDO que la sustentabilidad y el uso sostenible son conceptos actualmente aplicados a sectores que rebasan el marco de esta declaración de política en sí misma, como por ejemplo el agua, la agricultura, los suelos; y

OBSERVANDO que la mayor parte de los Programas de la UICN trabajan sobre el uso sostenible y que es preciso incorporar de modo transversal los principios de dicho uso sostenible como componente de todas las actividades pertinentes de la UICN, técnicas, regionales, nacionales, de proyecto y de todas las Comisiones;

El Congreso Mundial de la Naturaleza, en su segundo período de sesiones, Amman, Jordania, 4 a 11 de octubre del 2000:

1. APRUEBA la Declaración de Política adjunta y recomienda a todos los miembros de la UICN, Comisiones y Secretaría que la hagan suya y la apliquen en el contexto de su Programa General de la UICN, de acuerdo con los objetivos de la UICN;

2. SOLICITA a la Secretaría que informe al 3er Congreso Mundial de la Naturaleza acerca del avance de la aplicación de los contenidos de esta Declaración de Política.

Esta Resolución fue aprobada por votación a mano alzada. El Estado miembro y organismos gubernamentales miembros Estados Unidos de Norteamérica se abstuvieron en la aprobación de esta Resolución.

Declaración de política acerca del uso sostenible de los recursos silvestres vivos

1. La conservación de la diversidad biológica es un pilar fundamental de la misión de la UICN, y por consiguiente la UICN recomienda que la decisión de utilizar o no utilizar determinados recursos naturales sea siempre consonante con este objetivo.

2. El uso tanto consuntivo como no consuntivo de la diversidad biológica es fundamental para las economías, culturas y bienestar de todas las naciones y pueblos.

3. El uso, si es sostenible, puede atender a las necesidades humanas de modo perdurable y contribuir al mismo tiempo a la conservación de la diversidad biológica.

4. En el 18° período de sesiones de la Asamblea General (Perth, 1990), en la Recomendación 18.24, la UICN - Unión Mundial para la Naturaleza reconoció que "el aprovechamiento ético, racional y sostenible de ciertas formas de la vida silvestre puede constituir una alternativa o medio complementario en lo que respecta a la utilización productiva de la tierra, ser compatible con la conservación y promoverla, siempre que dicha utilización sea conforme con las salvaguardias apropiadas".

5. Esta postura fue reiterada en la Recomendación 19.54 en el siguiente período de sesiones de la Asamblea General (1994) y nuevamente en la Resolución 1.39 del primer período de sesiones del Congreso Mundial de la Naturaleza (1996).

6. El análisis de los usos de los recursos silvestres vivos en diversos contextos demuestra que hay numerosos factores biológicos, sociales, culturales y económicos, que se combinan en configuraciones variadas e inciden sobre la posibilidad de que un uso en particular sea sostenible.

7. En base a estos análisis, la UICN llega a las conclusiones siguientes:

(a) El uso de los recursos silvestres vivos, si es sostenible, representa un importante instrumento de conservación a causa de los beneficios sociales y económicos derivados de dicho uso, que brindan incentivos para conservar los recursos.

(b) Al utilizar recursos silvestres vivos, se debería procurar reducir al mínimo la pérdida de diversidad biológica.

(c) Fomentar el uso sostenible de recursos silvestres vivos implica un proceso permanente de perfeccionamiento del manejo de dichos recursos.

(d) Dicho manejo debería ser adaptativo, incorporando el monitoreo y la capacidad de modificar el manejo para tener en cuenta los riesgos e incertidumbres.

8. Para incrementar la probabilidad de que cualquier uso de un recurso natural viviente sea sostenible, es esencial que se consideren los siguientes aspectos:

(a) La oferta de productos biológicos y servicios ecológicos disponibles para ser usados se ve limitada por las características biológicas intrínsecas de las especies y los ecosistemas, como su productividad, su estabilidad y su capacidad de absorber el cambio, los que a su vez están sometidos a un cambio ambiental extrínseco.

(b) Las estructuras institucionales de manejo y control requieren tanto incentivos positivos como sanciones disuasivas, buen gobierno y aplicación a una escala adecuada. Dichas estructuras deberían involucrar a las partes interesadas y tener en cuenta los sistemas de tenencia de tierras, derechos de acceso, sistemas reglamentarios, conocimientos tradicionales y derecho consuetudinario.

(c) Los recursos silvestres vivos entrañan numerosos valores culturales, éticos, ecológicos y económicos, que pueden representar incentivos para la conservación. Cuando se puede asignar un valor económico a un recurso silvestre vivo, eliminar los incentivos perversos e integrar el cálculo de costos y beneficios, se pueden crear condiciones favorables para invertir en la conservación y uso sostenible de los recursos, limitando así el riesgo de deterioro o agotamiento de los mismos y de transformación de los hábitats para otros usos.

(d) El nivel y las fluctuaciones de la demanda de recursos biológicos silvestres pueden verse afectados por una compleja gama de factores sociales, demográficos y económicos, y es probable que aumenten en años venideros. Por ende es preciso prestar atención tanto a la oferta como a la demanda para promover la sustentabilidad de los usos.

9. La UICN se ha comprometido a velar por que cualquier uso de los recursos silvestres vivos se haga de forma equitativa y ecológicamente sostenible, y con este fin ha creado, una Iniciativa sobre el Uso Sostenible, que incorpora Grupos de Especialistas de la Comisión de Supervivencia de Especies estructurados a nivel regional:

(a) Identificar, evaluar y promover los principios de manejo que contribuyen a la sustentabilidad y mayor eficiencia en el uso de los recursos silvestres vivos; y

(b) Comunicar periódicamente sus conclusiones a los miembros de la Unión y a la comunidad en general.

2.- Resolución 3.093, Aplicación de la Política de la UICN sobre uso sostenible al uso consuntivo de la fauna silvestre y la caza recreativa en África meridional

Posteriormente, y ya concretamente en relación con la caza, en el 3º Congreso Mundial de la Naturaleza, celebrado en Bangkok, Tailandia, en 2004, se aprobó la Resolución 3.093, *Aplicación de la Política de la UICN sobre uso sostenible al uso consuntivo de la fauna silvestre y la caza recreativa en África meridional* (UICN, 2004). En ella se establece lo siguiente:

Resolución 3.093 Aplicación de la Política de la UICN sobre uso sostenible al uso consuntivo sostenible de la fauna silvestre y la caza recreativa en África meridional

RECORDANDO que la conservación de la diversidad biológica es un pilar fundamental de la misión de la UICN (*Declaración de política acerca del uso sostenible de los recursos silvestres vivos*, anexo a la Resolución 2.29, adoptada en el segundo Congreso Mundial de la Naturaleza de la UICN, Ammán, 2000);

RECONOCIENDO que en el África meridional, la región abarcada por la Oficina Regional de la UICN para África Meridional, la superficie total de tierras comunales y privadas donde se practica un uso consuntivo sostenible de la fauna silvestre destinado al comercio de animales vivos y la caza recreativa es superior a la superficie de áreas protegidas pertenecientes a los estados;

TENIENDO PRESENTE que en el África meridional el uso consuntivo ecológicamente sostenible de la fauna silvestre puede contribuir a la conservación de la biodiversidad proporcionando un incentivo económico para la conservación de las áreas naturales;

OBSERVANDO que existe una variedad de opciones para obtener beneficios económicos y de conservación de los ecosistemas aprovechando la existencia de la fauna silvestre, por ejemplo, el ecoturismo, y que el uso consuntivo sostenible sólo es una de esas opciones, la que debe ser evaluada junto con otras para determinar cuál resulta más apropiada desde el punto de vista ecológico;

OBSERVANDO que existe fuerte oposición a todas las formas de caza en recintos cercados (en las que los animales tienen pocas o nulas posibilidades de escapar);

RECONOCIENDO que las políticas de conservación de la biodiversidad deben basarse también en los valores, las circunstancias y las culturas de cada región;

RECONOCIENDO que en gran parte del África meridional se da cabida a la fauna silvestre en tierras comunales y privadas porque también representa una forma de uso de la tierra económicamente viable; y que, cuando se practica adecuadamente, el uso consuntivo bien gestionado, incluida la caza recreativa, permite retener las poblaciones de fauna silvestre y mantener las funciones de los ecosistemas en áreas extensas que, de otro modo, se destinarían a la agricultura; y

RECONOCIENDO ADEMÁS que la gestión de esas poblaciones y sus hábitats realiza una aportación a la conservación de la biodiversidad;

El Congreso Mundial de la Naturaleza, en su tercer período de sesiones celebrado en Bangkok, Tailandia, del 17 al 25 de noviembre de 2004:

1. APOYA la filosofía y la práctica de que en las tierras estatales, comunales o privadas de África meridional, el uso consuntivo bien gestionado y sostenible de la fauna silvestre realiza una contribución a la conservación de la biodiversidad;

2. RECONOCE que la caza recreativa bien gestionada desempeña una función en la gestión del uso consuntivo sostenible de las poblaciones de fauna silvestre;

3. CONDENA la matanza de animales en recintos cercados donde tienen poca o ninguna posibilidad de escapar o donde no se crían en libertad; y

4. RECOMIENDA que los organismos del África meridional responsables de:

> (a) el control del uso y la caza de la fauna silvestre, adopten medidas para velar por que se establezcan y mantengan códigos de conducta ética y principios estrictos, de conformidad con la *Carta de la Tierra* (artículo 15b) y que entreguen a las comunidades locales los productos que quedan de la caza; y

(b) la conservación de la biodiversidad, adopten medidas para fomentar la concienciación y la comprensión del público acerca de la función que desempeña el uso ecológicamente sostenible de la fauna silvestre.

3.- Directrices de Caza Sostenible en Europa

En el año 2006, es fundamental la aportación de la UICN a través del *Wild Species Resources Working Group (WISPER)*, uno de los cinco grupos temáticos perteneciente a su vez al *European Sustainable Specialist Group (ESUSG)*. El grupo de trabajo WISPER tiene en torno a 50 miembros pertenecientes a 23 países diferentes. Este grupo de trabajo presentó en el 2006 el documento denominado *"Directrices de Caza Sostenible en Europa"* (UICN, 2006). Estas Directrices se basan en la experiencia de la Agencia Federal de Medioambiente de Austria, iniciada en 1997, de desarrollo de un modelo de certificación de caza sostenible. Sin embargo, a diferencia de la propuesta austriaca, pretenden un documento más breve y de carácter más general. Constituyen una guía básica a tener en cuenta para la elaboración de cualquier modelo de caza sostenible. Según hacen constar en el propio documento, se trata de unas Directrices voluntariamente sencillas, a la vez que de carácter general, con el fin de que puedan ser aplicadas en todos los casos al constituirse en los elementos clave a tener en cuenta.

Como base fundamental de todo modelo de caza sostenible, las Directrices proponen dos Principios Ecológicos fundamentales que deben ser siempre respetados:

- La caza no debe afectar negativamente a largo plazo al estado de conservación de las especies de caza (categoría "A") en toda su área de distribución natural.

- La caza no debe afectar negativamente a largo plazo al estado de conservación de la comunidad biológica –fauna y flora– (categoría "B") a la que pertenecen las especies cazadas.

Se trata de dos Principios básicos y fundamentales que deben ser siempre respetados, para lo cual la caza de las especies cinegéticas y su gestión debe centrarse en los siguientes objetivos ecológicos:

En lo que respecta a las especies cinegéticas (A) le corresponde:

a) mantener la densidad de las poblaciones, la distribución, la estructura y el comportamiento compatible con su conservación;

b) mantener la diversidad genética compatible con su conservación, por ejemplo, fomentando el mantenimiento de subpoblaciones;

c) en el caso de que la especie o población esté en un estado de conservación desfavorable, contribuir a la mejora de ese estado.

En lo que respecta a la comunidad biológica (B) a la que pertenecen las especies cazadas le corresponde:

a) mantener o mejorar la diversidad de las especies;

b) mantener o mejorar la diversidad del hábitat.

Para alcanzar los anteriores objetivos, se proponen las siguientes Directrices de Buenas Prácticas:

En lo que respecta a la ecología de las especies de caza (A), la caza (y las actividades relacionadas con la caza) mostrará:

A.1 Tener plenamente en cuenta y, si es posible, mitigar las consecuencias negativas de otras actividades humanas en la supervivencia de las especies silvestres o en su conducta natural (como su patrón de actividad diurna) en la medida en que este tendría un impacto significativo sobre el estado de conservación de la población.

A.2 Con el fin de conservar la diversidad genética presente en la población, evitar centrarse exclusivamente en la conducta externa o características fenotípicas como criterios de selección.

A.3 Para las especies en las que las actividades de los animales son superiores a la zona de gestión, fomentar la coordinación de gestión con las zonas vecinas, y en caso necesario, incluso a nivel internacional.

A.4 Tomar en cuenta las fluctuaciones estacionales en la disponibilidad de elementos del hábitat (tales como cobertura, alimentación, etc.) y en las condiciones climáticas, así como la reproducción, alimentación y pautas de descanso de las especies.

A.5 Tomar plenamente en cuenta, y cuando sea posible mitigar (por ejemplo, por los esfuerzos para restaurar los elementos importantes del hábitat), las consecuencias negativas para la degradación de los hábitat, la fragmentación y la pérdida debido a las actividades humanas

A.6 Aceptar la recolonización natural (y establecimiento) de las especies nativas originales (*).

A.7 Sólo reintroducir especies de caza pertenecientes a la lista de especies autóctonas en conformidad con las directrices de la UICN sobre la reintroducción de especies (*).

A.8 No introducir o fomentar especies no autóctonas (exóticas) (*).

A.9 Basarse en un plan de gestión elaborado (en el que se incluya al menos gestión de los objetivos y medidas para cada especie o grupo de especies).

A.10 Promover la toma de datos (para ser útiles, subdividida en sexos y clases de edad, y con otros datos relevantes posibles) con el fin de entender mejor la dinámica de la población y para facilitar el seguimiento, la evaluación y, si fuese necesario, la revisión de la planificación de la gestión (*cf.* la gestión adaptativa).

(*) Varias directrices requieren la existencia de listas de base científica de especies autóctonas y exóticas, incluyendo el estado de conservación de estas especies.

En lo que respecta a la ecología de la comunidad biológica (B) a la que pertenecen las especies de caza, la caza (y actividades conexas) en general no tienen un impacto negativo significativo en la comunidad biológica a la que pertenecen, y en particular:

B.1 Tener en cuenta el estado internacional, nacional y regional de conservación de la fauna y la flora, entre otras cosas, la presencia de especies raras o en peligro.

B.2 Sólo emprender la restauración de hábitats o de la forestación con material vegetal de procedencia local (en la hipótesis de la existencia de materiales certificados como tales).

B.3 Al regular los predadores, considerar la conservación a largo plazo de las especies de caza, así como la de los predadores y de la comunidad biológica a la que pertenecen, incluida la interacción entre los predadores y otras especies.

B.4 Los objetivos de abundancia, distribución y comportamiento de las especies cinegéticas son compatibles con el mantenimiento de la comunidad biológica a la que pertenece la especie explotada.

En cuanto a las consecuencias sociales y económicas (C) se refiere, la caza (y actividades conexas) debe orientarse a:

C.1 El mantenimiento o la regulación de las especies de caza a fin de que su abundancia, distribución y/o comportamiento sea compatibles con los intereses de otros sectores socioeconómicos, con inclusión de la agricultura, la selvicultura, la pesca, el tráfico, la salud pública, etc.

C.2 El uso de empleo y servicios locales.

C.3 Un justo retorno (en especie o en efectivo) para los proveedores de caza –por ejemplo, propietarios de tierras o sus usuarios- de las comunidades locales.

C.4 La participación de los cazadores locales.

C.5 Tener en cuenta el acceso y uso de la tierra por parte de otros usuarios (incluidos los usuarios recreativos).

C.6 Optimización de la utilización de la carne y otros productos procedentes de las especies cinegéticas.

C.7 Informar a la opinión pública acerca de la caza (valores, organización, métodos, etc.) y la gestión de la caza (objetivos, planificación de la caza, etc.), entre otros, a fin de demostrar la contribución de la caza sostenible a la conservación de la biodiversidad y al desarrollo rural.

C.8 Considerar las opiniones y los sentimientos del público, en particular de la población local.

C.9 Preservar los valores culturales, históricos y artísticos relacionados con la caza y la vida silvestre.

C.10 Tener instalaciones adecuadas para el seguimiento y recuperación de especímenes heridos o muertos, y en general la adopción de todas las precauciones razonables para eliminar el sufrimiento evitable de los animales silvestres.

El conjunto de Directrices suponen unas sugerencias básicas y, por tanto, también fundamentales, para ser tenidas en cuenta. Sobre todo los Principios y los Objetivos propuestos.

También es importante afirmar, como se hace directamente en el propio documento, que *"si la caza es ecológicamente insostenible, esto no puede ser compensado por sostenibilidad económica y/o socio-cultural"*. Lo que deja claramente establecido que los dos Principios ecológicos priman sobre los Principios económicos y socio-cultuales que se puedan establecer.

4.- Resolución 4.026 Fomento de la confianza para la conservación de la biodiversidad y la utilización sostenible en consonancia con la *Carta Europea sobre Caza y Biodiversidad*

En el año 2008, en el cuarto Congreso Mundial de la Naturaleza, celebrado en Barcelona, se aprobó la Resolución 4.026 de apoyo a la Carta Europea sobre Caza y Biodiversidad, denominada *Fomento de la confianza para la conservación de la biodiversidad y la utilización sostenible en consonancia con la Carta Europea sobre Caza y Biodiversidad* (UICN, 2008). Esta Resolución supone un gran reconocimiento de la *Carta* por parte de la UICN, así como en general de la política en favor de la caza sostenible tanto del Consejo de Europa como de la Unión Europea. Con ello, la UICN se suma una vez más al apoyo total a la caza sostenible.

4.026 Fomento de la confianza para la conservación de la biodiversidad y la utilización sostenible en consonancia con la *Carta europea sobre caza y biodiversidad*

CONSCIENTE del hecho de que en la Resolución 3.012 *(Gobernanza de los recursos naturales para la conservación y el desarrollo sostenible)*, aprobada por el 3er Congreso Mundial de la Naturaleza de la UICN (Bangkok, 2004), se instó a la UICN a elaborar principios y enfoques de 'buena gobernanza' para la conservación y el desarrollo sostenible;

OBSERVANDO que en la Resolución 3.074 *(Aplicación de los Principios y directrices de Addis Abeba para la utilización sostenible de la diversidad biológica)*, aprobada también por el 3er Congreso Mundial de la Naturaleza de la UICN, se pidió al Director General de la UICN que promoviera iniciativas para facilitar el trabajo en colaboración de los componentes pertinentes de la Unión, con objeto de desarrollar instrumentos para aplicar los principios de la utilización sostenible en la práctica;

CONSIDERANDO que un ejemplo importante e innovador de una iniciativa de ese tipo es la aprobación por el Consejo de Europa, por conducto del Convenio relativo a la conservación de la vida silvestre y del medio natural de Europa (Convenio de Berna), de una *Carta europea sobre caza y biodiversidad,* que contiene 12 principios que se basan explícitamente en los *Principios del enfoque por ecosistemas del CDB* (Decisión V/6 del Convenio sobre la Diversidad Biológica (CDB)) y los *Principios y directrices de Addis Abeba para la utilización sostenible de la diversidad biológica* (Decisión VII/12 del CDB), con directrices para la aplicación destinadas a los encargados de la reglamentación y de la gestión de la biodiversidad, por una parte, y a los cazadores y los operadores turísticos especializados en la caza, por la otra;

OBSERVANDO que los principios y el enfoque de la *Carta europea sobre caza y biodiversidad* son igualmente aplicables a la gobernanza de otros usos consuntivos y no consuntivos de la biodiversidad;

CONSCIENTE de las conclusiones del reciente estudio de investigación titulado *Governance and ecosystems management for the conservation of biodiversity (GEMCON BIO)* (Gobernanza y gestión de los ecosistemas para la conservación de la biodiversidad), financiado por el *Sexto Programa Marco* de la Comisión Europea, en el que han participado numerosos miembros de de las Comisiones de la UICN y en el que se muestra la importancia del liderazgo y la generación de confianza para mantener el estado y la utilización sostenible de la biodiversidad y otros servicios de los ecosistemas; y

ACOGIENDO CON SATISFACCIÓN el liderazgo en el fomento de la confianza demostrado por la Comisión Europea mediante su *Iniciativa para una caza sostenible,* en particular por su reconocimiento del potencial de conservación de la utilización sostenible y por la firma de un Memorando de Entendimiento con la Federación de Asociaciones de Caza y Conservación de la Unión Europea (FACE) y BirdLife International;

El Congreso Mundial de la Naturaleza, en su cuarto periodo de sesiones, Barcelona, España, 5 al 14 de octubre de 2008:

1. OBSERVA CON SATISFACCIÓN la aprobación por parte del Consejo de Europa de la *Carta europea sobre caza y biodiversidad;*

2. ALIENTA a desarrollar aún más la cooperación entre el Consejo de
Europa, los gobiernos y otros interesados directos para elaborar directrices según los mismos principios en nuevas cartas europeas, a fin de promover la conservación mediante la utilización sostenible de otros componentes de la biodiversidad;

3. SOLICITA a los miembros de la UICN que:

    (a) promuevan la *Carta europea sobre caza y biodiversidad* y los instrumentos sociales comparables que correspondan en la aplicación de las políticas y el programa de la Unión;

    (b) creen otras medidas similares que fomenten la confianza para ayudar a la conservación de la biodiversidad; y

    (c) alienten sinergias positivas y la resolución de las tensiones entre los interesados directos que proponen contribuciones diferentes para la conservación; e

4. INVITA a los gobiernos y las ONG en general a elaborar instrumentos similares que fomenten la

confianza y a armonizar de otros modos los esfuerzos en materia de conservación;

Además, el Congreso Mundial de la Naturaleza, en su cuarto periodo de sesiones, Barcelona, España, 5 al 14 de octubre de 2008, ofrece la siguiente orientación para la ejecución del *Programa de la UICN 2009-2012:*

5.   PIDE a la Directora General y a las Comisiones de la UICN que implementen y apoyen las acciones solicitadas en el párrafo 3 *supra*.

5.- Directrices de la Comisión de Supervivencia de Especies (CSE) de la UICN sobre la caza de trofeos como un instrumento para crear incentivos para la conservación

La última contribución de la UICN en favor de la sostenibilidad en la caza a la que se hará referencia ha sido llevada a cabo en 2012 por la Comisión de Supervivencia de Especies (CSE), grupo de trabajo dentro de la UICN cuya finalidad es velar por la supervivencia de las especies, aportando soluciones para ello. Se trata del documento denominado *Directrices de la Comisión de Supervivencia de Especies (CSE) de la UICN sobre la caza de trofeos como un instrumento para crear incentivos para la conservación*[14] (UICN, 2012).

En la sección V de este documento se relacionan los Principios recomendados por la Comisión de Supervivencia de Especies para la caza de trofeos.

Sección V: Los Principios Rectores

La CSE de la UICN considera que la caza de trofeos, tal como se describe en la Sección II antes mencionada, puede que contribuya a la conservación y a la división equitativa de los beneficios del uso de los recursos naturales cuando los programas incorporan los siguientes cinco componentes: la sostenibilidad biológica; beneficio de conservación neto; beneficios socioeconómicos y culturales; gestión adaptativa: planificación, supervisión y generación de informes; y gobernanza responsable y eficaz.

---

[14].- Traducción realizada por el CIC

La sostenibilidad biológica

La caza de trofeos, como se describe en la Sección II, puede servir como instrumento de conservación siempre y cuando:

1. no contribuya a disminuir la población a largo plazo de las especies que sean objeto de caza o de otras especies que compartan su hábitat, teniendo en cuenta que una población de animales que es objeto de una caza sostenible puede ser menor que la que no sea objeto de la misma;

2. no altere sustancialmente los procesos de selección natural y la función del ecosistema, es decir, conserva "las poblaciones silvestres de especies autóctonas con un pool genético suficiente para permitir las adaptaciones". En general, esto requiere que la caza sólo produzca alteraciones menores a la estructura demográfica natural. También es necesario evitar la cría o el sacrificio preventivo (selectivo) con la idea de reforzar deliberadamente las características genéticas de población de las especies que son objeto de caza que sean inconsistentes con la selección natural;

3. no contribuya inadvertidamente a la caza furtiva o al comercio ilegal de la vida silvestre;

4. no manipule artificial y/o sustancialmente los ecosistemas o sus elementos componentes de formas que sean incompatibles con el objetivo de apoyar la gama completa de biodiversidad nativa.

Beneficio de conservación neto

La caza de trofeos puede servir como instrumento de conservación siempre y cuando:

1. esté vinculada a parcelas de tierra identificables y especificadas donde el hábitat para la vida silvestre sea una prioridad (aunque no sea necesariamente la única prioridad ni el sólo uso legítimo) y en la que "los costos de gestión y conservación de la diversidad biológica [sean] internalizados dentro del área de gestión y se reflejen en la distribución de los beneficios derivados del uso";

2. produzca ingresos, empleo, y/u otros beneficios que generen incentivos para la reducción de las presiones sobre las

poblaciones de las especies que son objeto de caza, y/o ayude a justificar la retención, mejora o rehabilitación de los hábitats en los que se priorice la biodiversidad nativa. Los beneficios pueden incentivar a residentes locales a coexistir con especies tan problemáticas como los grandes carnívoros y herbívoros que pugnen por el pastoreo, o animales considerados peligrosos o una amenaza para el bienestar de las personas y sus bienes personales;

3. forme parte de un sistema de gobierno legalmente reconocido que apoye la conservación apropiadamente y de un sistema de aplicación y ejecución capaz de alcanzar estos objetivos de gobernanza.

Beneficio socioeconómico y cultural

La caza de trofeos puede servir como un instrumento de conservación siempre y cuando:

1. respete los valores y prácticas culturales locales (donde "local" se define como el espacio compartido con las especies silvestres locales), y sea aceptada (y preferiblemente, conjuntamente administrada y apoyada activamente) por la mayoría de los miembros de la comunidad local en cuyas tierras ocurre;
2. involucre y beneficie a los residentes locales de una manera equitativa, y de forma que satisfagan sus prioridades;
3. adopte prácticas comerciales que promuevan la sostenibilidad económica a largo plazo,

Gestión adaptativa: planificación, supervisión y presentación de informes

La caza de trofeos puede servir como un instrumento de conservación siempre y cuando:

1. proceda de evaluaciones de los recursos apropiados y/o seguimiento de los índices de caza, sobre los cuales se pueden establecer cuotas y planes de caza específicos a través de un proceso de colaboración. De manera óptima, este proceso debería (siempre que pertinente) incluir a las comunidades

locales y basarse en el conocimiento local/autóctono. Tales evaluaciones de recursos (los ejemplos podrían incluir conteos o indicios de la presencia de la población, las frecuencias de observación, así como varias huellas y rastros de sus actividades) o indicios de caza (en este caso los ejemplos podrían incluir el tamaño del trofeo, la edad del animal, las tasas de éxito de la caza y el índice de captura por unidad de esfuerzo de caza) son objetivos, bien documentados, así como aplican la mejor ciencia y tecnología factible y apropiada dadas las circunstancias y recursos disponibles;

2. implique la gestión adaptativa de los cupos de caza y planes en conformidad con los resultados de las evaluaciones de los recursos y / o seguimiento de los índices, garantice que las cuotas se ajusten en consonancia con los cambios en la base de recursos (causados por cambios ecológicos, por los patrones meteorológicos o por efectos antropogénicos, incluyendo los resultados de la caza);

3. se base en leyes, reglamentos y cuotas (Preferentemente establecidas con contribución local) que sean transparentes y claras además de que sean revisadas y actualizadas periódicamente;

4. supervise las actividades de caza para verificar que las cuotas y restricciones por sexo/edad de los animales cazados / capturados sean cumplidas;

5. produzca documentación fiable y periódica de su sostenibilidad biológica y de los beneficios de conservación (en caso de que no se haya producido por los mecanismos de información existentes).

Gobernanza efectiva y responsable

Un programa de caza de trofeos puede servir como un instrumento de conservación siempre y cuando:

1. esté sujeto a una estructura de gobierno que asigne de forma clara responsabilidades administrativas;

2. contabilice los ingresos de una manera transparente a la vez que distribuya los ingresos netos a los beneficiarios de la comunidad y conservación según las decisiones debidamente acordadas;

3. tome todos los pasos necesarios para eliminar la corrupción, y
4. garantice el cumplimiento de todos los requisitos y reglamentaciones nacionales e internacionales pertinentes de los organismos competentes, tales como administradores, reguladores y cazadores.

2.2.1.3.- Consejo Internacional de la Caza y Conservación de la Fauna (CIC)

El **Consejo Internacional de la Caza y Conservación de la Fauna (CIC)** es una organización independiente creada en 1930 en París, cuya finalidad es la preservación de la caza y la vida silvestre en su conjunto a través de la caza sostenible como herramienta de conservación. Actualmente tiene su sede en Viena (Austria) y su oficina administrativa en Budapest (Hungría). Está presente en 86 países y tiene 39 delegaciones nacionales. El CIC es un claro defensor de la caza sostenible y se postula rotundamente contrario a la artificialización de la caza.

En el año 2011, el CIC realizó a través de su Consejo la Recomendación *Wildlife and Commercially-Bred Formerly Wild Animals* (RECOMMENDATION CIC_COUNCIL_2_2011.REC01) (CIC, 2011), expresando en ella su pleno compromiso con la caza sostenible basada en una persecución justa y oponiéndose a las manipulaciones artificiales y no naturales de la fauna silvestre.

El texto completo de este documento es el siguiente:

Fauna y Cría Comercial de Animales Anteriormente Silvestres

RECOMENDACIÓN
CIC_COUNCIL_2_2011.REC01

RECORDANDO la *Declaración de Limassol* de la 53ª Asamblea General del CIC (Limassol, 2006), la Resolución *CGR4.MOT032* del Congreso Mundial de la Naturaleza (Barcelona, 2008) y la Resolución *CICGA58.RES01* de la 58ª Asamblea General del CIC (San Petersburgo, 2011);

VOLVER a manifestar la adherencia del CIC a la misión de la UICN de "*influenciar, alentar y ayudar a sociedades de todo el mundo a conservar la integridad y diversidad de la naturaleza y asegurar que cualquier uso de los recursos naturales es equitativo y ecológicamente sostenible*, la Declaración de Posición de la UICN sobre Translocaciones de Organismos Vivos (1987), las Directrices de la UICN para las Reintroducciones (1998) y las Directrices de la UICN para la Prevención de la Pérdida de Biodiversidad Causada por Especies Exóticas Invasoras (2000), así como a las normas de la Convención sobre la Diversidad Biológica (CDB) y otros importantes Convenios y Acuerdos Internacionales;

RESPECTO a que el aprovechamiento regulado de los animales salvajes individuales conserva, protege y perpetúa las poblaciones cazadas y repercute favorablemente sobre la comunidad de cazadores cuando

(I) implica un código personal de conducta fundada en las tradiciones de la persecución justa;
(II) muestra respeto por las costumbres y tradiciones locales;
(III) cumple plenamente con las leyes del estado, territorio, provincia y/o comunidad;
(IV) cumple plenamente con los acuerdos internacionales cuando sean aplicables.

RECONOCIENDO que la fauna silvestre debe experimentar su ciclo de vida sin deliberada intervención humana, con la excepción que puede ser objeto de custodia o gestión con el fin de equilibrar las necesidades de la fauna con las necesidades de las personas y los requisitos de la silvicultura y/o el sector agrícola, respectivamente;

OBSERVANDO que las poblaciones silvestres a veces se limitan sobre todo por las infraestructuras humanas y vallas, y que el suministro de alimentos disponibles de forma natural podrá complementarse con la intervención humana;

CONSCIENTE del hecho de que algunas especies silvestres, en particular los que pertenecen a las familias Cervidae, Bovidae y

Felidae, se crían, mantienen y manipulan en operaciones comerciales intensivas para la producción de carne, así como la recolección de partes de animales para medicamentos y otros efectos antropogénicos, incluyendo la producción de trofeos de caza y/o variaciones del color del pelaje;

PREOCUPADA de que esa explotación y manipulación de los animales anteriormente salvajes, si no se controla, puede tener efectos perjudiciales sobre la biodiversidad y consecuencias no deseadas para la integridad genética de los animales que viven en la naturaleza:

(I)   impactos incontrolables en los procesos evolutivos naturales, incluyendo cambios en el comportamiento, patrones en la reproducción y ciclos reproductivos;

(II)   contaminación genética de taxones de origen natural;

(III)   pérdida o alteración irreversible evolutivas significativas de las poblaciones de fauna locales;

(IV)   expansión incontenible de las especies de fauna exótica fuera de su hábitat natural;

(V)   elevado riesgo de brotes de zoonosis;

(VI)   impactos impredecibles sobre los hábitats y ecosistemas.

El Consejo CIC en 08 de noviembre 2011

1. **EXPRESA** su pleno compromiso para desarrollar y promover los principios, criterios e indicadores para la caza sostenible y persecución justa;

2. **SE OPONE** a manipulaciones artificiales y no naturales de la fauna, incluyendo la mejora o modificación de una característica genética de la especie (por ejemplo, el color del pelaje, el tamaño corporal, cuernos o tamaño de las astas), en particular a través de

(I)   cruzamiento intencionado de especies, subespecies o fenotipos evolutivos locales significativos;

(II)   el uso de métodos de cría de ganado doméstico como citometría de flujo o pruebas genéticas, germoplasma y producción o comercio de semen, inseminación artificial, transferencia de embriones, castración, tratamientos de hormona del crecimiento, programas de cría controlados o poco naturales, clonación.

3. **EXCLUYE** todos los "trofeos" de animales así manipulados de ser calificados con los Métodos de Evaluación de Trofeos del CIC

4. **ALIENTA** a todos los gobiernos a

(i) adoptar el propósito y la intención de las declaraciones citadas de la UICN de posición, políticas y directrices (véase la página 1, apartado 2, y el anexo 2) en la legislación nacional;

(ii) establecer mecanismos de control adecuados para la supervisión de la cría comercial y operaciones de producción que se ocupan de los animales anteriormente salvajes;

(iii) regular la cría, producción, circulación y utilización de estos animales en las disposiciones legales para la agricultura y la ganadería;

(iv) el desarrollo de políticas ejecutables y establecer las directrices pertinentes en sus modelos nacionales de conservación de la vida silvestre;

5. **OFRECE** asistencia a las agencias gubernamentales nacionales para desarrollar políticas y establecer directrices.

6. **INSTA** a todos los miembros del CIC que se abstengan de "cazar" animales manipulados.

7. **INVITA** a todas las organizaciones y asociaciones nacionales e internacionales de caza a adoptar directrices y políticas similares.

Anexo 1

104

International Council for Game and Wildlife Conservation
Conseil International de la Chasse et de la Conservation du Gibier
Internationaler Ratzur Erhaltung des Wildes und der Jagd

53 Asamblea General
1-5 Mayo, 2006, Limassol, Chipre

DECLARACIÓN

1. CIC condena la manipulación poco ética de los animales de caza con el fin de fabricar trofeos.

2. CIC confirma su apoyo a la caza de persecución justa.

3. CIC insta a todos los cazadores y asociaciones de caza a oponerse a este tipo de prácticas no éticas de manipulación.

Anexo 2

Congreso Mundial UICN 2008 Resolución CGR4.MOT032

FOMENTO DE LA CONFIANZA PARA LA CONSERVACIÓN DE LA BIODIVERSIDAD Y LA UTILIZACIÓN SOSTENIBLE EN CONSONANCIA CON LA *CARTA EUROPEA SOBRE CAZA SOSTENIBLE*

CONSCIENTE del hecho de que en la Resolución 3.012 *(Gobernanza de los recursos naturales para la conservación y el desarrollo sostenible)*, aprobada por el 3er Congreso Mundial de la Naturaleza de la UICN (Bangkok, 2004), se instó a la UICN a elaborar principios y enfoques de 'buena gobernanza' para la conservación y el desarrollo sostenible;

OBSERVANDO que en la Resolución 3.074 *(Aplicación de los Principios y directrices de Addis Abeba para la utilización sostenible de la*

105

diversidad biológica), aprobada también por el 3er Congreso Mundial de la Naturaleza de la UICN, se pidió al Director General de la UICN que promoviera iniciativas para facilitar el trabajo en colaboración de los componentes pertinentes de la Unión, con objeto de desarrollar instrumentos para aplicar los principios de la utilización sostenible en la práctica;

CONSIDERANDO que un ejemplo importante e innovador de una iniciativa de ese tipo es la aprobación por el Consejo de Europa, por conducto del Convenio relativo a la conservación de la vida silvestre y del medio natural de Europa (Convenio de Berna), de una *Carta europea sobre caza y biodiversidad,* que contiene 12 principios que se basan explícitamente en los *Principios del enfoque por ecosistemas del CDB* (Decisión V/6 del Convenio sobre la Diversidad Biológica (CDB)) y los *Principios y directrices de Addis Abeba para la utilización sostenible de la diversidad biológica* (Decisión VII/12 del CDB), con directrices para la aplicación destinadas a los encargados de la reglamentación y de la gestión de la biodiversidad, por una parte, y a los cazadores y los operadores turísticos especializados en la caza, por la otra;

OBSERVANDO que los principios y el enfoque de la *Carta europea sobre caza y biodiversidad* son igualmente aplicables a la gobernanza de otros usos consuntivos y no consuntivos de la biodiversidad;

CONSCIENTE de las conclusiones del reciente estudio de investigación titulado *Governance and ecosystems management for the conservation of biodiversity* (*GEMCON BIO*) (Gobernanza y gestión de los ecosistemas para la conservación de la biodiversidad), financiado por el *Sexto Programa Marco* de la Comisión Europea, en el que han participado numerosos miembros de de las Comisiones de la UICN y en el que se muestra la importancia del liderazgo y la generación de confianza para mantener el estado y la utilización sostenible de la biodiversidad y otros servicios de los ecosistemas; y

ACOGIENDO CON SATISFACCIÓN el liderazgo en el fomento de la confianza demostrado por la Comisión Europea mediante su *Iniciativa para una caza sostenible,* en particular por su reconocimiento del potencial de conservación de la utilización sostenible y por la firma de un Memorando de Entendimiento con la Federación de Asociaciones de Caza y Conservación de la Unión Europea (FACE) y BirdLife International;

El Congreso Mundial de la Naturaleza, en su cuarto periodo de sesiones, Barcelona, España, 5 al 14 de octubre de 2008:

1. **OBSERVA CON SATISFACCIÓN** la aprobación por parte del Consejo de Europa de la *Carta Europea sobre Caza y Biodiversidad;*

2. **ALIENTA** a desarrollar aún más la cooperación entre el Consejo de
Europa, los gobiernos y otros interesados directos para elaborar directrices según los mismos principios en nuevas cartas europeas, a fin de promover la conservación mediante la utilización sostenible de otros componentes de la biodiversidad;

3. **SOLICITA** a los miembros de la UICN que:

    (a) promuevan la *Carta europea sobre caza y biodiversidad* y los instrumentos sociales comparables que correspondan en la aplicación de las políticas y el programa de la Unión;

    (b) creen otras medidas similares que fomenten la confianza para ayudar a la conservación de la biodiversidad; y

    (c) alienten sinergias positivas y la resolución de las tensiones entre los interesados directos que proponen contribuciones diferentes para la conservación; e

4. **INVITA** a los gobiernos y las ONG en general a elaborar instrumentos similares que fomenten la confianza y a armonizar de otros modos los esfuerzos en materia de conservación;

Además, el Congreso Mundial de la Naturaleza, en su cuarto periodo de sesiones, Barcelona, España, 5 al 14 de octubre de 2008, ofrece la siguiente orientación para la ejecución del *Programa de la UICN 2009-2012:*

5. **PIDE** a la Directora General y a las Comisiones de la UICN que:

(a) promuevan la *Carta europea sobre caza y biodiversidad* y los instrumentos sociales comparables que correspondan en la aplicación de las políticas y el programa de la Unión;

(b) creen otras medidas similares que fomenten la confianza para ayudar a la conservación de la biodiversidad; y

(c) alienten sinergias positivas y la resolución de las tensiones entre los interesados directos que proponen contribuciones diferentes para la conservación.

Anexo 3

Resolución CICGA58.RES01 de San Petersburgo (2011)

Conservación de la biodiversidad natural en oposición a las manipulaciones artificiales de la vida silvestre por hibridación, hormonas, etc.

RESOLUCIÓN
CICGA58.RES01

ESTANDO activamente comprometida en la conservación de nuestra diversidad biológica;

CONSCIENTE por el aumento de las malas prácticas de manipulación de especies de fauna silvestre con fines comerciales, incluyendo ciertas formas insostenibles de capturas de trofeo excesivas.

La 58ª Asamblea General de la CIC en San Petersburgo
desde 12 hasta 15 mayo 2011

1. **REAFIRMA** su decisión de la 53ª Asamblea General de la CIC en Limassol condenando tales malas prácticas;

2. **ENCARGA** al Comité Ejecutivo elaborar una recomendación subrayando la necesidad de una toma de conciencia de dicha problemática y la comisión al CIC para idear y poner en práctica medidas adecuadas para contrarrestar tales prácticas inaceptables.

2.2.2.- Contexto Europeo

En Europa, el desarrollo de propuestas de caza sostenible tiene ya un amplio bagaje. Igual que ocurrió a nivel internacional, en Europa se ha pasado por un proceso progresivo de desarrollo de conceptos e instrumentos hasta llegar a la situación actual.

2.2.2.1.- Consejo de Europa (COE)

El más importante de los primeros instrumentos jurídicos en el contexto europeo con incidencia inicialmente en la conservación de la diversidad biológica y, con posterioridad, en su uso sostenible, es fundamentalmente el *Convenio de Berna*, promovido por el **Consejo de Europa** en 1979. Como se vio con anterioridad, su finalidad en un principio estaba fundamentalmente volcada en establecer niveles de protección de las especies de flora y fauna. Con posterioridad, han entrado en su campo de actuación e interés otros diferentes aspectos de la conservación y del uso sostenible de la diversidad biológica (Lasén, 2010). En este sentido, es primordial para la actividad cinegética sostenible las aportaciones que realizan a lo largo de los años y que culmina finalmente en la fundamental propuesta expresada en la *Carta Europea sobre Caza y Biodiversidad*. Hasta llegar a ella, se produjeron antes algunas aportaciones que es necesario reseñar.

Entre estas aportaciones hay que destacar en 1987 la Resolución 882 *Importance of shooting for Europe's rural regions* (PACE, 1987), de la **Asamblea Parlamentaria del Consejo de Europa (*Parlamientary Assembly Council of Europe, PACE)*.** En ella se hace una defensa del papel de la caza en la economía del medio rural y en la protección del medio ambiente, así como una recomendación a los estados miembros del Consejo de Europa a que, entre otras cosas, contribuya a una comprensión social de la caza en su función esencial de preservación del medio ambiente y en la promoción del desarrollo económico del medio rural. Aunque aún, en ese momento, el concepto de sostenibilidad en la caza no estaba todavía bien asentado y se abogase por el uso de formas de caza artificial, como lo es el *shooting* cuando se realiza sobre especies previamente criadas en cautividad, constituye ya un primer paso en el reconocimiento de la caza en su papel en la conservación y el desarrollo del mundo rural.

Posteriormente, en 2004, tanto la Recomendación PACE 1689, *Hunting and Europe's environmental balance* (PACE, 2004), como el informe anterior en el que se basa, Doc. 10337 del **Comité de Medio Ambiente, Agricultura y Asuntos Sociales y Regionales**, ya si hacen plenamente hincapié en la necesidad de una caza sostenible en Europa y promueven el que se elabore un instrumento para ello. Todo lo cual culmina en 2008 con la elaboración de la *Carta Europea sobre Caza y Biodiversidad*.

La *Carta Europea sobre Caza y Biodiversidad* es un instrumento referencial para la adopción de fórmulas y políticas de caza sostenible. Supone un hito fundamental en el progreso del proceso de concienciación global en este sentido, tanto para todos los agentes interesados en la conservación y uso sostenible de la biodiversidad, como para la sociedad en general, a la que se debe ir mostrando que la caza, si es sostenible, constituye un instrumento de primer orden para la conservación de la biodiversidad. Aún a pesar de que apenas solo nos encontremos en el principio de este proceso y todavía no se vislumbren resultados palpables, las sólidas bases sobre las que se asienta ya están echadas.

1.- Carta Europea sobre Caza y Biodiversidad

La **Carta Europea sobre Caza y Biodiversidad** (*European Charter on Hunting and Biodiversity*) (Brainerd, 2007) fue aprobada por el Comité Permanente del Convenio de Berna en noviembre de 2007. Su contenido está orientado a formular Principios y Directrices en tres aspectos concretos: Caza sostenible, Turismo cinegético y Normas para los cazadores europeos.

En cuanto a la caza sostenible, la *Carta Europea sobre Caza y Biodiversidad* promueve Principios y Directrices destinados a asegurar que la caza en Europa se practique de manera sostenible. Todo ello con una triple finalidad:

- Evitar los impactos negativos sobre la diversidad biológica
- Hacer una contribución positiva a la conservación de las especies y sus hábitats
- Atender a las necesidades de la sociedad

Por todo lo cual, representa un importantísimo avance hacia la configuración de la caza sostenible en Europa, tanto a nivel teórico como práctico.

La *Carta* define la **caza sostenible** como: "*El uso de especies de caza silvestres y sus hábitats en un modo y a un ritmo que no conduzca a la disminución a largo plazo de la diversidad biológica o entorpezca su restauración. Ese uso mantiene el potencial de la diversidad biológica para satisfacer las necesidades y aspiraciones de las generaciones presentes y futuras, así como el mantenimiento de la caza como una actividad aceptada social, económica y culturalmente (sobre la base de la definición de "Uso Sostenible" en el artículo 2 del Convenio sobre la Diversidad Biológica (CDB)). Cuando la caza es llevada a cabo de manera sostenible, puede contribuir positivamente a la conservación de las poblaciones silvestres y sus hábitats, y también beneficiar a la sociedad.*"

La *Carta Europea sobre Caza y Biodiversidad* supone una guía fundamental como modelo para la consecución de una caza sostenible. Redunda básicamente en los mismos principios inspiradores que las *Directrices de Caza Sostenible en Europa*, si bien con un enfoque en su desarrollo algo distinto puesto que incorpora también recomendaciones para el turismo cinegético y para la creación de normas de carácter global para los cazadores europeos.

En cuanto a la caza sostenible, los objetivos que pretende son:

1. Proporcionar un conjunto de principios no vinculantes y directrices para la ordenación sostenible de la caza que facilite la conservación de la biodiversidad y el desarrollo rural.

2. Alentar la participación de los cazadores en la supervisión, gestión y los esfuerzos de investigación dirigidos a la gestión y la conservación de la fauna y flora silvestres y sus hábitats.

3. Promover la cooperación entre los cazadores y otras partes interesadas en la conservación y gestión de la biodiversidad.

Para el conjunto de los tres aspectos que contempla, La Carta propone 12 Principios:

- Principio 1: Favorecer la gobernanza a distintos niveles para maximizar el beneficio para la conservación de la biodiversidad y para la sociedad.

111

- Principio 2: Asegurar que las regulaciones son comprensibles y respetadas.

- Principio 3: Asegurar que el aprovechamiento (cinegético) es ecológicamente sustentable.

- Principio 4: Mantener las poblaciones silvestres de especies autóctonas con un pool genético adaptado.

- Principio 5: Mantener ambientes que soporten poblaciones sanas y resistentes de especies cinegéticas.

- Principio 6: Fomentar usos que provean incentivos económicos para la conservación.

- Principio 7: Asegurar que el aprovechamiento se realiza adecuadamente evitando el despilfarro.

- Principio 8: Potenciar a las partes interesadas locales y exigirles responsabilidad.

- Principio 9: Competencia y responsabilidad son deseables entre los usuarios de los recursos silvestres.

- Principio 10: Minimizar el sufrimiento evitable a los animales.

- Principio 11: Fomentar la cooperación entre todas las partes interesadas en la gestión de las especies cinegéticas, especies asociadas y sus hábitats.

- Principio 12: Fomentar la aceptación por la sociedad del aprovechamiento consuntivo sostenible como una herramienta para la conservación.

Para cada uno de los Principios, la Carta redacta una justificación a modo de explicación del Principio y recomienda una serie de Directrices a tener en cuenta para la conservación de la caza y la biodiversidad en su conjunto, las cuales se convierten en una excelente guía para estructurar los contenidos de cualquier modelo de caza sostenible.

Para que se tomasen en cuenta las propuestas de la Carta Europea sobre Caza y Biodiversidad, el **Comité Permanente del Convenio de Berna** hacía a los Estados firmantes del Convenio la siguiente recomendación (COE, 2007):

Recomendación N º 128 (2007) del Comité Permanente de la Carta Europea sobre Caza y Biodiversidad

(Aprobada por la Comisión Permanente de 29 de noviembre 2007)

El Comité Permanente de la Convención sobre la Conservación de la Vida Silvestre y del Medio Natural, de conformidad con los términos del artículo 14 de la Convención;

Teniendo en cuenta los objetivos de la Convención para la conservación de flora y fauna silvestres y de sus hábitats naturales;

Tomando nota de que la gestión integrada de los ecosistemas y la protección del hábitat tienen grandes ventajas para la conservación de la biodiversidad y deben ir de la mano con los esfuerzos de protección de especies;

Consciente de que la identificación de los procesos y categorías de actividades que tengan o puedan tener efectos adversos significativos en la conservación y uso sostenible de la diversidad biológica (como se indica en el artículo 7 de la Convención sobre la Diversidad Biológica, CDB) también son de suma importancia para la conservación de especies amenazadas;

Recordando la Decisión V / 6 de la Conferencia de las Partes en el CDB sobre el enfoque por ecosistemas, adoptada en 2000, e incluyendo los 12 principios del enfoque por ecosistemas;

Recordando la Resolución 2003 de Kiev sobre la Diversidad Biológica, que incluye el compromiso de "detener la pérdida de biodiversidad para 2010", aprobado por los Ministros de Medio Ambiente y Jefes de delegación de 51 países de la región Pan-Europea;

Recordando la Declaración de 2004 Estrasburgo sobre el papel de la Convención de Berna para la conservación de la diversidad biológica y la necesidad de potenciar la integración y la coherencia de los instrumentos de la biodiversidad mundial y europeo, como el Convenio sobre la Diversidad Biológica y las aves de la Comunidad Europea y hábitats;

113

Recordando la decisión VII/12 de la Conferencia de las Partes en el CDB sobre el Uso Sostenible, adoptada en 2004, y en particular los Principios de Addis Abeba para la Utilización Sostenible de la Diversidad Biológica;

Recordando la Evaluación de los Ecosistemas del Milenio de 2005 y su conclusión de que "el aumento de los esfuerzos sin precedentes" que son necesarios para alcanzar la meta 2010 de diversidad biológica a nivel nacional, regional y mundial;

Deseosos de evitar una mayor pérdida de la diversidad biológica en Europa;

Vista la Iniciativa de Caza Sostenible de la Comisión Europea;

Recordando la Recomendación 1689 (2004) de la Asamblea Parlamentaria del Consejo de Europa, en relación con el equilibrio ambiental de caza y de Europa;

Deseosos de asegurar que la caza y el turismo de caza en Europa se practican de manera sostenible, evitando los impactos negativos sobre la biodiversidad y hacer una contribución positiva a la conservación de especies y hábitats;

Refiriéndose a los principios y directrices incluidas en la Carta europea sobre caza y biodiversidad [documento T-PVS (2007) 7revised];

Teniendo en cuenta la presente Carta como guía para las autoridades nacionales competentes y las partes interesadas pertinentes;

RECOMIENDA a las Partes Contratantes en la Convención, e INVITA a los Estados observadores y organizaciones, a tener en cuenta la Carta Europea sobre Caza y Biodiversidad y aplicar sus principios en la elaboración y aplicación de las políticas de caza con el fin de asegurar que la caza se lleva a cabo de manera sostenible.

2.2.2.2.- Unión Europea (UE)

La política de la **Unión Europea (UE)** en materia de conservación de la naturaleza se basa fundamentalmente en dos instrumentos jurídicos iniciales a los cuales, con posterioridad, se han añadido otros. Se trata de la *Directiva Aves* de 1979 y la *Directiva Hábitats* de 1992. Ambos instrumentos son la base de la *Red Natura 2000*, una red de espacios naturales de toda Europa con un especial interés de conservación. Junto con el *Convenio de Berna* del **Consejo de Europa (COE)**, constituyen los instrumentos jurídicos iniciales en los que se fundamenta la política de conservación de la biodiversidad en Europa.

1.- Directiva Aves

La ***Directiva 79/409/CEE del Consejo, de 2 de abril de 1979, relativa a la conservación de las aves silvestres***, conocida normalmente como ***Directiva Aves*** (UE, 1979), tiene por objeto proteger y conservar las especies de aves silvestres que viven en Europa, así como regular su explotación cuando alguna especie sea susceptible de ello. La conservación y restauración de sus hábitats, también es objeto de esta Directiva. En ella se contempla la autorización de la caza de determinadas especies, siempre que se respeten ciertas condiciones como son la utilización de métodos de captura adecuados, utilización racional, etc.

A las disposiciones de conservación instituidas en la Directiva, los estados miembros podrán establecer excepciones, con ciertas condiciones, procurando que no sean incompatibles con los principios en los que se funda la Directiva.

2.- Directiva Hábitats

La ***Directiva 92/43/CEE del Consejo de 21 de mayo de 1992 relativa a la conservación de los hábitats naturales y de la fauna y la flora silvestres***, denominada normalmente ***Directiva Hábitats*** (UE, 1992a), tiene por objeto la conservación de los hábitats, junto con la flora y fauna silvestre, de especial interés en Europa. De ella derivan tanto la *Red Natura 2000* como los *Lugares de Importancia Comunitaria (LIC)*.

115

La *Directiva Hábitats* consta de 24 artículos, así como de 6 Anexos en los cuales se recogen los siguientes aspectos:

Anexo I: Tipos de hábitats naturales de interés comunitario cuya conservación requiere la designación de zonas de especial conservación.

Anexo II: Especies animales y vegetales de interés comunitario para cuya conservación es necesario designar zonas especiales de conservación.

Anexo III: Criterios de selección de los lugares que pueden clasificarse como lugares de importancia comunitaria y designarse zonas especiales de conservación.

Anexo IV: Especies animales y vegetales de interés comunitario que requieren una protección estricta.

Anexo V: Especies animales y vegetales de interés comunitario cuya recogida en la naturaleza y cuya explotación pueden ser objeto de medidas de gestión.

Anexo VI: Métodos y medios de captura y sacrificio y modos de transporte prohibidos.

3.- Estrategia de Desarrollo Sostenible de la Unión Europea (UE)

Independientemente de los instrumentos concretos de los que dispone la Unión Europea para la conservación de la biodiversidad, es necesario también hacer referencia a la política global de desarrollo sostenible que constituye, según lo establecido en el Tratado de la Unión (UE, 1992b), el objetivo general a largo plazo de la Unión Europea.

Efectivamente, la sostenibilidad como concepto, práctica común a desarrollar en cualquier esfera y, finalmente, meta a alcanzar, constituye uno de los elementos estructurales sobre los que se asienta la política de la UE. Por tanto, de acuerdo con esta política integral, la protección del medio ambiente y, dentro de él, la conservación y uso sostenible de la diversidad biológica, entendida en su conjunto global de especies, su variabilidad genética, y los ecosistemas y paisajes que la integran, representa un eje fundamental de la política de la Unión y una meta finalista a la que llegar (Baumgartner *et al.*, 2006; Barnes y Hoerber, 2013)

Como se afirma en la Carta Europea sobre Caza y Biodiversidad, la caza puede ser considerada una forma de desarrollo sostenible (Brainerd,

2007). Por tanto también, y en consonancia con todo ello, la conservación y el uso sostenible de las especies cinegéticas y asociadas, su variabilidad e integridad genética, y los ecosistemas y paisajes de los que forman parte indisoluble, constituye un principio fundamental sobre el que se debe, indefectiblemente, asentar su aprovechamiento y una meta a alcanzar en el menor tiempo posible.

Esta visión y misión estratégica de la Unión Europea se concreta por vez primera en la Comunicación de la Comisión de 15 de mayo de 2001 denominada *Desarrollo sostenible en Europa para un mundo mejor: estrategia de la Unión Europea para un desarrollo sostenible* (UE, 2001a). En 2006, como continuación de esa política ya iniciada, se adoptó una nueva estrategia de la Unión Europea en favor del desarrollo sostenible. En 2009 ha sido actualizada mediante una Comunicación de la Comisión de 24 de julio de 2009, denominada *Incorporación del desarrollo sostenible en las políticas de la UE: informe de 2009 sobre la estrategia de la Unión Europea para el desarrollo sostenible* (UE, 2009a).

4.- Iniciativa para una Caza Sostenible (SHI)

En el año 2001, la Unión Europea a través de la Comisión Europea puso en marcha una "**Iniciativa de Caza Sostenible**" (*Sustainable Hunting Initiative, SHI)* (UE, 2001b) dentro del marco de la Directiva Aves con el fin de desarrollar la cooperación entre los sectores cinegético y conservacionista para promover la caza sostenible. Como consecuencia de ello, en 2004, **FACE (Federación de Asociaciones de Caza y Conservación de la Fauna Silvestre de la Unión Europea)** y **BirdLife Internacional**, firmaron un acuerdo de diez puntos (*Agreement between BirdLife International and FACE on Directive 2009/147/EC*) de compromiso de entendimiento para avanzar en la caza sostenible de las aves en la UE basándose en la Directiva Aves (UE, 2004):

ACUERDO
entre BirdLife Internacional y FACE
relativo a la Directiva 79/409/CEE

117

Como parte de la Iniciativa para una Caza Sostenible (ICS) de la Comisión Europea, y tras una serie de reuniones, FACE (Federación de las Asociaciones de Caza y Conservación de la Fauna Silvestre de la Unión Europea) y BirdLife International han alcanzado el siguiente ACUERDO:

1) Ambas organizaciones reconocen que la Directiva sobre Aves constituye un instrumento jurídico apropiado para la conservación de las aves silvestres (incluidas las especies cinegéticas del anexo II de la Directiva) y sus hábitats en un estado de conservación favorable en el ámbito europeo. Ambas organizaciones están de acuerdo en que la prioridad debe ser que la Directiva funcione según las líneas indicadas en el Documento orientativo sobre la caza de conformidad con la Directiva 79/409/CEE del Consejo relativa a la conservación de las aves silvestres.

2) Como consecuencia del apartado 1, ninguna de las dos organizaciones tiene la intención de adoptar o apoyar iniciativas encaminadas a enmendar el texto de la Directiva sobre Aves. A largo plazo, las dos organizaciones no descartan la posibilidad de una consolidación de los instrumentos jurídicos - +comunitarios existentes relativos a la conservación de la fauna silvestre, respetando sus principios fundamentales y sin debilitar las disposiciones vigentes de la Directiva sobre Aves.

3) Ambas organizaciones reconocen la trascendencia histórica y actual de los compromisos recogidos en la Directiva sobre Aves en relación con la caza, y que tales compromisos constituyen la base para fomentar juntos prioridades de la estrategia de conservación tales como trabajar hacia el objetivo de frenar la reducción de la biodiversidad para 2010, la protección de espacios y la reforma de la PAC.

4) Ambas organizaciones respaldan el establecimiento de la red NATURA 2000 y reconocen la importancia de una protección eficaz de los hábitats y una gestión activa encaminada a la conservación de la biodiversidad. Ambas organizaciones recalcan que, en principio, la declaración de espacios NATURA 2000 no

es incompatible con la caza. Reconocen que la caza gestionada de la manera apropiada dentro de los lugares NATURA 2000 puede continuar o realizarse siempre que sea compatible con los objetivos de conservación de esos espacios. En este sentido, se remiten al capítulo 1.5 «Conservación de los hábitats» del Documento orientativo sobre la caza.

5) Ambas organizaciones coinciden en que es deseable alcanzar acuerdos locales, regionales y nacionales sobre prácticas de la caza de aves para establecer un diálogo constructivo entre las partes interesadas en el ámbito local y para conseguir que se realice una evaluación racional de los efectos y de las medidas que deben adoptarse. Los miembros o socios nacionales de las dos organizaciones son libres de trabajar en pos de objetivos más ambiciosos a favor de la biodiversidad, la caza sostenible y la conservación de las aves.

6) Ambas organizaciones consideran que la evaluación racional de los efectos y las medidas, incluidas las que se adopten en la legislación y en otras normas sobre caza, deben basarse en los mejores datos disponibles y en los más fiables, especialmente en relación con las poblaciones de aves y la actividad cinegética. Es necesario elaborar estadísticas de piezas cobradas, interpretarlas científicamente y explotarlas de forma adecuada.

7) Ambas organizaciones solicitan a la Comisión y a los Estados miembros que desarrollen, adopten y ejecuten planes de gestión de las especies del anexo II que se consideren se encuentren en un estado de conservación desfavorable.

8) Ambas organizaciones solicitan a las autoridades competentes que tomen las iniciativas apropiadas para garantizar el cumplimiento de toda la legislación relativa a la conservación de las aves, en especial haciéndola cumplir debidamente y mediante iniciativas de educación y sensibilización. Se ofrecen para asistirlas a este respecto.

9) Ambas organizaciones piden una eliminación gradual del uso de la munición de plomo para cazar en humedales en toda la Unión

Europea lo antes posible y en cualquier caso a más tardar en 2009. También subrayan los riesgos resultantes de la suelta en la naturaleza de especies o subespecies de aves no autóctonas.

10) Las dos organizaciones acuerdan igualmente mantener con periodicidad un diálogo bilateral en búsqueda de consenso y reunirse con este fin al menos dos veces al año y siempre que consideren conveniente o necesario celebrar una reunión para tratar un asunto específico. Asimismo, intercambiarán información, publicaciones, etc., fomentarán este acuerdo entre sus miembros y socios nacionales y colaborarán con otros órganos y organizaciones pertinentes (tales como Wetlands International, UICN, CIC, ELO, etc.).

Paralelamente, el 19 de abril de 2002, dentro de la Semana Verde celebrada en Bruselas, se llevó a cabo un *Taller sobre la caza sostenible dentro y alrededor de la red Natura 2000* (UE, 2002), como parte también de la Iniciativa Caza Sostenible. Constituyó un foro de diálogo entre diferentes partes interesadas de ámbitos muy diversos. En él se recoge la legitimidad de la caza dentro de la red Natura 2000 y proponen el promover la práctica sostenible de la caza.

El primer resultado de la Iniciativa Caza Sostenible fue la publicación por la Comisión en 2004 de una **Guía sobre la caza en virtud de la Directiva Aves**. Su objetivo es proporcionar una orientación de cómo los Estados miembros de la Unión Europea deben contemplar los principios establecidos en la Directiva Aves en su regulación de la caza. En 2008 se procedió a una actualización de la anterior publicación, constituyendo actualmente el texto definitivo con el nombre de **Documento orientativo sobre la caza de conformidad con la Directiva79/409/CEE del Consejo relativa a la conservación de las aves silvestres** (UE, 2008a).

Para la presentación de este documento, se redactó un texto que recoge de manera sucinta pero muy centrada lo que Comisión Europea reconocía ya de manera oficial sobre la caza sostenible. Es interesante transcribirlo completo, dado que no resulta muy extenso, por su indudable interés en la temática que nos ocupa (UE, 2008b):

Bruselas, 13 de marzo de 2008

Medio ambiente: presentación oficial de la guía de la UE sobre la caza sostenible de aves silvestres

El próximo lunes, la Comisión Europea presentará oficialmente una guía sobre la caza sostenible de aves silvestres, que responde al deseo de garantizar que esa actividad se realice de conformidad con la legislación comunitaria sobre protección de la naturaleza. El objetivo de la guía es aclarar las disposiciones en materia de caza de la norma más antigua de la UE en este ámbito, la Directiva relativa a la conservación de las aves silvestres, que el próximo 2 de abril de 2009 cumplirá treinta años y es uno de los instrumentos esenciales para alcanzar el objetivo de la UE de acabar con la pérdida de biodiversidad. La guía sobre la caza sostenible será presentada por el Ministro de Medio Ambiente francés, Jean-Louis Borloo, y el Director General de Medio Ambiente de la Comisión, Karl Falkenberg, en el transcurso de un acto oficial en París.

Caza sostenible

La Comisión Europea preconiza la caza sostenible y reconoce que la caza estacional de aves silvestres puede ser beneficiosa para la conservación del hábitat. La caza es uno de los muchos posibles usos a los que se pueden destinar los parajes integrados en Natura 2000, la red ecológica de parajes naturales protegidos de la UE, que abarca cerca de la quinta parte de su territorio y sus aguas continentales. La Comisión considera que puede coadyuvar al esfuerzo común de gestión de hábitats importantes -como son los humedales, los brezales y las tierras agrícolas-, esencial para recuperar y conservar la biodiversidad de Europa, que disminuye de forma alarmante. Esta preocupante tendencia queda ilustrada en la reducción de la población de aves comunes, tales como el gorrión, la golondrina y la perdiz pardilla.

En 2001, la Comisión puso en marcha la «Iniciativa de caza sostenible», con la colaboración de los Estados miembros, BirdLife International (organización para la conservación de las aves) y la Federación de Asociaciones de Caza y Conservación de la UE (FACE). En 2004, BirdLife International y FACE firmaron un acuerdo internacional de caza, en el marco de la Directiva sobre las aves. La guía es el resultado de los esfuerzos de colaboración realizados para compendiar las mejores prácticas en este terreno.

La guía persigue la conservación de las aves en general, pero se concentra especialmente en el calendario más adecuado para la caza recreativa, la reducción al mínimo del riesgo de perturbación de las aves y sus hábitats, y las condiciones en las que se puede autorizar la caza en circunstancias excepcionales. El propósito es aclarar los aspectos que pueden resultar confusos, así como las obligaciones mínimas que impone la Directiva. De este modo, los cazadores podrán realizar esta actividad de forma sostenible.

Normas sobre la caza de aves silvestres en la UE

En la UE, la caza está regulada por la Directiva sobre las aves silvestres, que data de 1979. Aunque matar aves silvestres está prohibido en general, se permite la caza de algunas especies fuera del período de reproducción y cría, y del período de migración prenupcial (primavera). Estos períodos de veda son cruciales, pues permiten que las aves se renueven en número. La Directiva enumera 82 especies que pueden ser cazadas en los Estados miembros de la UE. Las temporadas de caza se fijan por países, a partir de principios y datos científicos, y varían en función de la especie y de la localización geográfica. Los países de la UE están facultados para autorizar o prohibir la caza de las especies que se enumeran en la Directiva. Excepcionalmente, en casos muy limitados y únicamente si no existe ninguna otra solución, los Estados miembros pueden autorizar la captura y muerte de las aves a que se refiere la Directiva fuera de la temporada normal de caza.

Directiva sobre las aves silvestres

La Directiva sobre las aves silvestres es la norma más antigua de la UE en materia de protección de la naturaleza, y una de las más importantes, pues ofrece protección global para todas las especies de aves silvestres que pueblan de manera natural la Unión Europea. Su adopción se debe a la creciente preocupación por la reducción de las poblaciones de aves silvestres de Europa como consecuencia de la contaminación y la destrucción de los hábitats, y de actividades medioambientalmente insostenibles. Venía también a reconocer el hecho de que las aves silvestres, muchas de las cuales son migratorias, constituyen un patrimonio común de los Estados miembros y su conservación exige la cooperación internacional.

Posteriormente, en septiembre de 2014, se celebró una nueva conferencia denominada *Una Nueva Visión de la Directiva Aves y el Papel Positivo de la Caza (A New Vision for the Birds Directive & the Positive Role of Hunting)*, desarrollada en Bruselas en colaboración entre FACE y la

Dirección General del Medio Ambiente de la Comisión Europea. En ella se trató sobre la historia de la Directiva Aves, se mostraron los logros positivos alcanzados por la colaboración entre cazadores y otros conservacionistas y se discutió sobre cómo la Directiva puede enlazar con la política medioambiental de la UE cubriendo las aspiraciones de las diversas partes interesadas (FACE, 2014).

5.- Iniciativa Caza y Pesca Sostenible (SHAI)

Tras el éxito de la *Iniciativa Caza Sostenible (Sustainable Hunting Inititive, SHI)* y puesto que esta se limitó a la caza de aves dentro de la *Directiva Aves*, la **Comisión Europea** propuso ampliar esta iniciativa para una utilización sostenible de la fauna silvestre, ampliándola al uso sostenible de mamíferos y peces. En este caso a partir de la *Directiva Hábitats*. Esta iniciativa se denominó *Iniciativa Caza y Pesca Sostenible (Sustainable Hunting and Angling Initiative, SHAI)*. El objetivo de esta iniciativa es crear un escenario que permita un dialogo fructífero entre usuarios de la fauna silvestre (especialmente cazadores y pescadores) y otros conservacionistas de manera que ayude a garantizar el uso sostenible de la fauna silvestre.

La primera actividad de esta iniciativa consistió en la celebración de una conferencia sobre la *Promoción de Natura 2000 y el Uso Sostenible de la Fauna (Promoting Natura 2000 & Sustainable Wildlife Use)* que se desarrolló en noviembre de 2009 en Bruselas (UE, 2009b).

Las conclusiones y recomendaciones de la conferencia (UE, 2009c) reconocen por parte de la Comisión Europea, el Consejo de Europa, organizaciones cinegéticas y de propietarios rurales, y las ONG internacionales de conservación representadas en la conferencia (entre las que se encuentran la UICN, World Wide Fund (WWF) y BirdLife International), el papel de los usuarios de la fauna silvestre y su potencial en vistas a una mayor convergencia en la conservación, tanto dentro de la Red Natura 2000 como más allá de ella. Igualmente recomiendan a la **Comisión Europea** comunicar constantemente la importancia del uso sostenible de la fauna para la conservación, así como el incorporar los principios de uso sostenible promovidos por los *Principios de Addis Abeba* de la **Convención sobre la Diversidad Biológica (CDB)** y la *Carta Europea sobre Caza y Biodiversidad* del **Consejo de Europa**. El uso sostenible debe ser ampliamente aceptado como una herramienta de conservación por los usuarios de la fauna silvestre y por los gerentes de Natura 2000.

El texto completo de estas conclusiones y recomendaciones es el siguiente (UE, 2009c):

CONCLUSIONES Y RECOMENDACIONES

Resumidas

- Natura 2000 es uno de los principales logros de la política medioambiental de la UE y contribuye a asegurar la supervivencia a largo plazo de las especies y hábitats más valiosos y amenazados de Europa. Tiene que ser financiado adecuadamente y sus gestores tienen qué ser receptores.

- Con el esfuerzo, dinero y tiempo invertido por los usuarios de la fauna europea (incluyendo 7 millones de cazadores y 25 millones de pescadores) se contribuye directamente a la biodiversidad europea y la gestión del hábitat dentro y fuera de la red Natura 2000. Por ejemplo, más del 65% de las zonas rurales de la UE se gestiona de una manera colaborativa para la caza y la conservación. El potencial de estos grupos de usuarios aún no se ha utilizado plenamente para la conservación del hábitat y seguimiento de especies.

- El papel de los usuarios de la fauna y su potencial está plenamente reconocido por la Comisión Europea, el Consejo de Europa y entre las ONG de conservación internacionales representados en la conferencia.

- La Iniciativa de Caza Sostenible tuvo mucho éxito a nivel de la UE y dio lugar a declaraciones conjuntas y proyectos entre FACE y BirdLife International. Una nueva iniciativa para complementar la Iniciativa de Caza Sostenible, incluyendo mamíferos y peces bajo la Directiva Hábitats, ha tenido una acogida positiva y será objeto de seguimiento por la Comisión Europea.

- La financiación selectiva para sus administradores y la recompensa para las mejores prácticas y asociaciones no se ha explorado suficientemente en la UE ni a nivel nacional.

Recomendaciones. A nivel de la Unión Europea:

- La Comisión Europea debe comunicar continuamente la importancia del uso sostenible de la fauna para la conservación en sus grupos de trabajo (por ejemplo, "grupo de expertos en la gestión de los espacios Natura 2000" y "reuniones de Directores de Naturaleza") y para incorporar los principios de uso sostenible promovidos por los Principios de Addis Abeba de la Convención sobre la Diversidad Biológica y la Carta Europea sobre Caza y Biodiversidad del Consejo de Europa.

- Las organizaciones de conservación y usuarios de la fauna a nivel de la UE deben comprometerse entre sí y con la Comisión Europea para la creación de una plataforma de diálogo para complementar la Iniciativa de Caza Sostenible e incluir los mamíferos y los peces bajo la Directiva Hábitats.

- Las principales partes interesadas en el ámbito de la UE, tales como los de la Iniciativa de Caza Sostenible (Comisión Europea, FACE y BirdLife) tienen que trasladar y comunicar mejor sus experiencias exitosas a nivel nacional y local. De manera coordinada, siguiendo las recomendaciones dadas en el Informe de Evaluación de la Iniciativa de Caza Sostenible.

Recomendaciones. A nivel nacional y local:

- Los usuarios de la fauna en los niveles nacionales y locales deben coordinar cada vez más y centrar su gran potencial para la conservación del hábitat y seguimiento de especies y asumir la responsabilidad. Tienen que comunicar este potencial a los cazadores locales en sus propias palabras.

- Las partes interesadas nacionales y locales (conservacionistas, usuarios de la fauna y gerentes) tienen que formar alianzas sólidas a fin de influir en los parlamentos nacionales y ministerios para alcanzar más éxito en los objetivos conjuntos. El uso sostenible debe ser más ampliamente aceptado como una herramienta para los usuarios de conservación y fauna como los gestores de Natura 2000.

- Los Estados miembros deben comunicar la importancia y facilitar la participación de los usuarios de la fauna para la gestión en la red

Natura 2000 y fuera de ella. Tienen que mostrar voluntad política y cuando sea posible incentivos financieros para su participación.

- Los usuarios de la fauna, otros conservacionistas y los Estados Miembros deben ser alentados a dar seguimiento a las recomendaciones dadas para el nivel nacional y local en el Informe de Evaluación de la Iniciativa de Caza Sostenible.

6.- Hunting for Sustainability

La más reciente iniciativa en favor de la caza sostenible dentro de la Unión Europea, se ha llevado a cabo en el 7° Programa Marco de la Comisión Europea. En él se ha desarrollado el proyecto *Cazando por la Sostenibilidad (Hunting for Sustainability)* cuyo objetivo ha sido explorar los aspectos generales de las prácticas de caza, evaluando su incidencia social, cultural, económica y sus funciones e impactos ecológicos. Se trata de un proyecto interdisciplinario de investigación internacional en el que han intervenido distintos organismos de investigación de Europa y África.

El tema central de este proyecto es el uso sostenible de la biodiversidad a través de la caza. Se parte del reconocimiento de la caza adecuadamente gestionada como una herramienta de conservación, sin embargo para llegar a ello se necesita un enfoque integrado que contemple los aspectos sociales, económicos y ecológicos que entran en acción en cada caso. La búsqueda de cómo llevarlo a cabo es la finalidad última del proyecto *Hunting for Sustainability*. Se puede realizar un seguimiento del proyecto en su web ***http://fp7hunt.net***

2.2.2.3.- European Landowner Organization (ELO)

En el año 2003, la **Organización Europea de Propietarios de Tierras** (*European Landowners Organization, ELO*) inició un proyecto denominado inicialmente *Pilot Wildlife Estates initiative (PWEi)* que en 2008 pasó a llamarse *Wildlife Estate initiative (WEi)* (ELO, 2008). En español se denomina oficialmente *Iniciativa Explotaciones Faunísticas* (ELO, 2009).

Esta iniciativa busca definir los principios básicos de buena gestión de los cotos de caza de Europa, diferenciándolos en función de la región biogeográfica en la que se encuentran. Los cotos que cumplan dichos principios obtendrán la Etiqueta Wildlife Estate (*Wildlife Estate Label*). Esta Etiqueta identifica y reconoce la buena gestión de los cotos que la obtienen en función de los parámetros establecidos por esta iniciativa, aunque no se trata de una certificación al carecer de evaluación por tercera parte independiente.

La iniciativa WE se conforma en dos niveles. En el nivel 1 los cotos solamente se comprometen a respetar los diez principios que esta iniciativa establece. Para alcanzar el nivel 2, con el cual se obtiene la Etiqueta WE por un periodo de 5 años, es necesario someterse a una evaluación externa, aunque del propio sistema. La Etiqueta WE concedida a los cotos es aprobada por un jurado internacional perteneciente al propio sistema.

Los 10 Principios que establece esta iniciativa (Wildlife Estates Charter) son:

1. Identificación de un responsable al frente de la gestión.
2. Respeto de los requisitos del Acuerdo entre BirdLife International y FACE en La Directiva 79/409/CEE, a la Carta Europea sobre Caza y Biodiversidad y la Guía sobre la caza en virtud de la Directiva de Aves de la Comisión Europea.
3. Existencia de un plan plurianual de gestión integrada *(multi annual integrated management plan, MAIMP),* incluyendo objetivos, acciones, seguimiento e informe anual de buena conservación del paisaje, el hábitat y las especies silvestres.
4. Existencia de prácticas activas de gestión de fauna.
5. Existencia de caza sostenible y/o actividades de pesca deportiva.
6. Planificación e implementación de relaciones públicas/actividades de educación.
7. Respeto de los requisitos ecológicos y legales. Por ejemplo Natura 2000, Red Natura 2000, Plan de Gestión.
8. Respetar las directrices de la UICN en la reintroducción de especies cinegéticas autóctonas.
9. Asegurar un equilibrio entre todas las especies que viven en la finca.
10. Ajustar el aprovechamiento anual a la dinámica de la población natural existente.

2.2.2.4.- Agencia Federal de Medioambiente de Austria

La *Agencia Federal de Medioambiente de Austria* inició en 1997 un proceso de elaboración de un modelo de certificación cinegética de caza sostenible a partir de la reunión de trabajo denominada "Caza y Sostenibilidad" que dio lugar al documento *"Fundamentos de Criterios e Indicadores de Caza Sostenible"*. A raíz de todo ello, se inició en Austria un proceso para la implantación de un modelo que permitiese certificar la sostenibilidad de la caza realizada en aquel país. En el año 2001 se publicó el documento *"Criterios e Indicadores de Caza Sostenible"* (Forstner *et al.*, 2003), que constituye una primera aportación ya bastante perfilada de modelo de certificación. El modelo continuó abierto a un proceso de autoevaluación y crítica que dio lugar a una revisión plasmada en 2006 en el documento denominado *"Caza Sostenible. Principios, Criterios e Indicadores"* (Forstner *et al.*, 2006).

Este modelo de certificación se compone de 13 Principios divididos en tres bloques: Ecología, Economía y Aspectos Socioculturales. Los Principios se subdividen en 24 Criterios y éstos, a su vez, en 51 Subcriterios.

Los 13 Principios en los que se basa son:

1.   Ecología.

- La conservación y mejora de los hábitats de la fauna es un objetivo de la caza.
- La práctica de la caza deberá garantizar la conservación y mejora de las especies de caza mediante su aprovechamiento y protección.
- La diversidad genética natural de las especies de caza es preservada y fomentada por medio de una adecuada práctica de la caza.

2.   Economía.

- Asegurar y/o mejorar la rentabilidad es un objetivo de la caza.
- Preservar y fomentar la condición de las especies cinegéticas es un objetivo de la caza.
- La prevención de daños a la agricultura y la selvicultura es un objetivo de la caza.
- El hacer uso de las sinergias con otras ramas económicas es un objetivo de la caza.

3.   Aspectos Socioculturales.

- Se tiene en cuenta el interés de la población que hace uso del territorio para cazar.
- Es un objetivo garantizar el trabajo local en el ámbito de la caza.
- La caza debe encontrar una amplia aceptación entre la población.
- La caza está orientada de acuerdo con el bienestar de las especies cinegéticas.
- La caza se realiza sobre animales silvestres que se reproducen naturalmente en libertad
- Las tradiciones cinegéticas son tratadas como características socioculturales de la sostenibilidad de la caza.

El modelo austriaco constituye un hito en la aportación hacia fórmulas de certificación de caza sostenible. A partir de él se generaliza progresivamente a nivel internacional la conciencia de la necesidad, y también de la posibilidad, de crear métodos y procedimientos que permitan evaluar la actividad cinegética para mantenerla acorde con el paradigma imperante de sostenibilidad.

CAPITULO 3

PRINCIPIOS DE CAZA SOSTENIBLE

3.1.- Instrumentos internacionales para una caza sostenible

3.2.- Propuestas de caza sostenible en Europa

3.3.- Principios para una caza sostenible formulados en Europa

3.4.- Principios fundamentales de caza sostenible

3.1.- Instrumentos internacionales para una caza sostenible

La caza sostenible está hoy ampliamente respaldada por fundamentales instituciones y organizaciones internacionales. De estas instituciones y organizaciones derivan diferentes instrumentos para la implantación de la sostenibilidad en la caza. Los más significativos de estos instrumentos son de carácter jurídico internacional, sobre todo los Tratados Internacionales, vinculantes para sus firmantes. Otros son documentos de carácter voluntario, sin embargo de muy alto valor por las instituciones de las que emanan. Sirven, sobre todo, para orientar adecuadamente el uso sostenible del recurso cinegético, así como las políticas administrativas que finalmente regulen esta actividad. En conjunto, a través de todos ellos se reconoce, por parte de las instituciones y organizaciones de las que emanan, el valor de la caza sostenible como recurso natural renovable, el legítimo uso de su aprovechamiento y su papel fundamental en la conservación de la biodiversidad.

La **Unión Europea (UE)**, el **Consejo de Europa (COE)**, la **Unión Internacional para la Conservación de la Naturaleza (UICN)**, **BirdLife International,** el **Consejo Internacional de la Caza y Conservación de la Fauna (CIC)** y la **European Landowner Organization (ELO)**, entre otras importantes instituciones y organizaciones, apoyan decididamente la caza sostenible.

Una relación de estos instrumentos, incluyendo a partir de los que inician el reconocimiento generalizado de la sostenibilidad, desglosados según las instituciones y organizaciones de las que emanan, puede verse en la siguiente tabla:

INSTITUCIÓN	AÑO	INSTRUMENTO
NACIONES UNIDAS (ONU)	1987	Informe Brundtland
	1992	Convenio sobre Diversidad Biológica (CDB)
		2000. CDB: Enfoque por Ecosistemas
		2004. CDB: Principios y Directrices de Addis Abeba
UNIÓN INTERNACIONAL PARA LA CONSERVACIÓN DE LA NATURALEZA (UICN)	1980	Estrategia Mundial para la Conservación
	2000	Resolución 2.29 del II Congreso Mundial de la UICN: Declaración de la política de la UICN acerca del uso sostenible de los recursos vivos silvestres (Declaración de Amman)
	2004	Resolución 3.093 del III Congreso Mundial de la UICN: Aplicación de la política de la UICN sobre el uso consuntivo de la fauna silvestre y la caza recreativa en África meridional
	2006	Directrices de Caza Sostenible en Europa
	2008	Resolución 4.026 del IV Congreso Mundial de la UICN: Fomento de la confianza para la conservación de la biodiversidad y la utilización sostenible en consonancia con la Carta Europea sobre Caza y Biodiversidad
	2012	Directrices de la Comisión de Supervivencia de Especies (CSE) de la UICN sobre la caza de trofeos como instrumento para crear incentivos para la conservación
CONSEJO DE EUROPA (COE)	1979	Convenio de Berna
	2004	Recomendación PACE 1689 La caza y el equilibrio ambiental de Europa
	2007	Carta Europea sobre Caza y Biodiversidad

		2007. Recomendación 128 del Comité Permanente del Convenio de Berna de la Carta Europea sobre Caza y Biodiversidad a los Estados firmantes del Convenio
UNIÓN EUROPEA (UE)	1979	Directiva Aves
		2001. Directiva Aves: Iniciativa Caza Sostenible (*Sustainable Hunting Initiative, SHI*)
		2004. Directiva Aves: Acuerdo sobre Caza Sostenible entre FACE y BirdLife Internacional
		2004. Directiva Aves: Guía sobre la caza en virtud de la Directiva Aves 2008. Directiva Aves: Guía para la caza sostenible de las aves silvestres
	2001, 2006, 2009	Estrategia de la Unión Europea para el Desarrollo Sostenible
	1992	Directiva Hábitats
		2008. Directiva Hábitats: Iniciativa Caza y Pesca Sostenible (*Sustainable Hunting and Angling Initiative, SHAI*)
		2009. Directiva Hábitats: Conferencia "Promoción de Natura 2000 y el Uso Sostenible de la Fauna" (*Promoting Natura 2000 & Sustainable Wildlife Use*)
	2006	Red Natura 2000: Proyecto "Fomento de la Red Natura 2000 entre sus usuarios, en particular los cazadores"
	2008	Proyecto "*Hunting for Sustainability*"
EUROPEAN LANDOWNER ORGANIZATION (ELO)	2003	*Pilot Wildlife Estates initiative (PWEi)*
	2008	Iniciativa Cotos Faunísticos (*Wildlife Estates initiative, WEi*)

AGENCIA FEDERAL DE MEDIOAMBIENTE DE AUSTRIA	1997	Reunión de trabajo "Caza y Sostenibilidad" del cual deriva el documento "Fundamentos de Criterios e Indicadores de Caza Sostenible"
	2001	Criterios e Indicadores de Caza Sostenible
	2006	Caza Sostenible. Principios, Criterios e Indicadores
BIRDLIFE INTERNATIONAL	2006	Proyecto Caza Sostenible: Directrices para avanzar hacia la caza sostenible de aves migratorias en el Mediterráneo
CONSEJO INTERNACIONAL DE LA CAZA Y CONSERVACIÓN DE LA FAUNA (CIC)	2008	Programa "Turismo de caza sostenible" (incluye el libro "Buenas prácticas en caza sostenible")
	2009	Estudio (junto con FAO): "Principios para el Desarrollo Sostenible de Leyes de Gestión de Fauna)
	2011	Fauna y Cría Comercial de Animales Anteriormente Silvestres

Tabla 5: Instrumentos internacionales de sostenibilidad y caza sostenible

A partir de todos los instrumentos que se han ido estableciendo a lo largo de las últimas décadas, hoy ya es posible ir enmarcando con suficiente confianza de acierto en qué consiste la caza sostenible, cuáles son sus principios y cuáles los parámetros que la definen.

3.2.- Propuestas de caza sostenible en Europa

Para acercarse a establecer los principios que delimitan la caza sostenible, es necesario, en primer lugar, analizar las propuestas que ya se han hecho sobre este tema, extrayendo después los puntos expresados en ellas sobre sostenibilidad en la caza. De esta manera, se puede afirmar que esos son aspectos básicos, ya consensuados en esos documentos, en los que se sustenta la caza sostenible.

Centrándose en el contexto europeo, y siguiendo un orden cronológico, los documentos más significativos sobre caza sostenible surgidos en Europa son:

- **Sistema de certificación cinegética de Austria**
- **Guía para la caza sostenible de las aves silvestres**
- **Directrices de caza sostenible en Europa**
- **Carta europea sobre caza y biodiversidad**
- **Iniciativa cotos faunísticos (WEi)**

Todas estas propuestas están encaminadas para orientar en la realización de caza sostenible. Aunque ya se vieron en el anterior capítulo, se vuelve a ellas repitiendo su contenido para centrar aquí el aspecto concreto que interesa sobremanera remarcar: los puntos en donde confluyen los aspectos básicos fundamentales que constituyen la sostenibilidad en la caza.

Finalmente, después de ver los planteamientos de cada una de ellas, se propone una síntesis de sus formulaciones, delimitando unos principios básicos de caza sostenible a partir de lo que en ellas se establece. Lo cuales sería importante tener siempre en cuenta para enmarcar con certeza la ordenación, el aprovechamiento y la gestión sostenible de la caza.

➢ **Sistema de Certificación Cinegética de la Agencia Federal de Medioambiente de Austria**

Como ya se vio con anterioridad, este modelo de certificación se compone de 13 Principios divididos en tres bloques: Ecología, Economía y Aspectos Socioculturales; 24 Criterios y 51 Subcriterios.

Los 13 Principios en los que se basa son:

1. *Ecología.*

- *La conservación y mejora de los hábitats de la fauna es un objetivo de la caza.*

- *La práctica de la caza deberá garantizar la conservación y mejora de las especies de caza mediante su aprovechamiento y protección.*
- *La diversidad genética natural de las especies de caza es preservada y fomentada por medio de una adecuada práctica de la caza.*

2. *Economía.*

- *Asegurar y/o mejorar la rentabilidad es un objetivo de la caza.*
- *Preservar y fomentar la condición de las especies cinegéticas es un objetivo de la caza.*
- *La prevención de daños a la agricultura y la selvicultura es un objetivo de la caza.*
- *El hacer uso de las sinergias con otras ramas económicas es un objetivo de la caza.*

3. *Aspectos Socioculturales.*

- *Se tiene en cuenta el interés de la población que hace uso del territorio para cazar.*
- *Es un objetivo garantizar el trabajo local en el ámbito de la caza.*
- *La caza debe encontrar una amplia aceptación entre la población.*
- *La caza está orientada de acuerdo con el bienestar de las especies cinegéticas.*
- *La caza se realiza sobre animales silvestres que se reproducen naturalmente en libertad.*
- *Las tradiciones cinegéticas son tratadas como características socioculturales de la sostenibilidad de la caza.*

➤ Guía para la Caza Sostenible de las Aves Silvestres

Resultado de la **Iniciativa Caza Sostenible** (*Sustainable Hunting Initiative, SHI*) se publicó por la Comisión Europea en 2004 una ***Guía sobre la caza en virtud de la Directiva Aves***. En 2008 se procedió a una actualización de la anterior publicación, constituyendo actualmente el texto definitivo con el nombre de ***Documento orientativo sobre la caza de conformidad con la Directiva79/409/CEE del Consejo relativa a la conservación de las aves silvestres***. Este documento también se conoce como *Guía para la caza sostenible de las aves silvestres*.

El texto, elaborado como un documento orientativo para la caza sostenible de aves silvestres en el contexto europeo, se desarrolla en la Comisión Europea a partir de la *Directiva sobre aves silvestres*. El documento está concebido como una guía que sirva de orientación a la utilización de las aves silvestres como recurso cinegético. Ya en el mismo prólogo establece que: *La Directiva sobre aves silvestres reconoce plenamente la legitimidad de la caza de aves silvestres como forma de aprovechamiento sostenible. La caza es una actividad que aporta considerables beneficios sociales, culturales, económicos y medioambientales en distintas regiones de la Unión Europea.*

La redacción de este documento, sin ser una norma y sí solamente un documento orientativo, se desarrolla a través de la división de su exposición en párrafos clasificados por medio de una puntuación sucesiva a la manera de los textos legales, por otro lado, forma expositiva muy común en el contexto de la Unión Europea. Por ello, en esta breve reseña al documento, se ha respetado esta fórmula, extrayendo algunos de los párrafos más significativos en cuanto a la sostenibilidad en la caza indicando su numeración para facilitar su consulta al lector interesado.

En el texto, ya desde un primer momento se indica que:

1.5.5 *La caza sostenible puede tener efectos beneficiosos para la conservación de los hábitats dentro y alrededor de los lugares protegidos. Esto se examina más extensamente en los párrafos 2.4.20 a 2.4.23 de la guía.*

En el documento se establece en el apartado 2.4 los Principios generales que siempre se han de respetar en la caza. Son los siguientes:

2.4 *Principios generales y criterios que se han de respetar en la caza:*

- *No comprometer los esfuerzos de conservación realizados en el área de distribución*
- *Utilización razonable*
- *Regulación equilibrada desde el punto de vista ecológico*

En cuanto al Principio de *Utilización razonable*, equivalente en el contexto del documento al de *Utilización sostenible* y en el que se centra el interés de este análisis, para ver cómo se utiliza en el documento este Principio, se pueden resaltar los siguientes párrafos:

2.4.9 *Por lo tanto, es razonable llegar a la conclusión de que el concepto de «utilización razonable» es el mismo que el de una «utilización sostenible» compatible con la conservación de los recursos naturales, por lo que se corresponde con el concepto de sostenibilidad establecido en el Quinto programa comunitario en materia de medio ambiente.*

2.4.15 Para que la caza no produzca una disminución de las especies cinegéticas, el planteamiento general de la gestión de la fauna silvestre consiste en que la caza de especies no debe sobrepasar los valores situados entre los rendimientos sostenibles «máximo» y «óptimo» (31). Este concepto parece más fácil de aplicar a las especies sedentarias que a las migratorias. A falta de buena información sobre la dinámica de poblaciones y sobre el número de piezas cobradas de especies sedentarias y migratorias, habrá que evitar en general unos elevados niveles de explotación.

Es interesante incluir también la nota 31 del párrafo anterior, ya que resulta muy ilustrativa para explicar de manera muy sucinta el concepto mismo de rendimiento sostenible utilizado en ecología.

(31).- «Rendimiento sostenible» se puede definir como la extracción de recursos del medio ambiente a un ritmo que permita una sustitución equilibrada mediante procesos naturales. En condiciones normales, los procesos dependientes de la densidad mantienen las poblaciones de aves en un nivel estable. El rendimiento de una especie depende directamente de sus tasas de reproducción y de supervivencia. Aunque la captura anual pueda eliminar una proporción considerable de una población, esto se compensa gracias a una menor mortalidad natural y/o a una mayor tasa de reproducción. El número máximo de aves que se pueden cazar cada año se conseguirá cuando el mayor número de aves esté criando a la mayor velocidad posible. Esto sucede cuando la disminución de los ejemplares reproductores es muy inferior a la capacidad del hábitat (Newton, I. 1998. Population Limitation in Birds). La caza normalmente reduce las poblaciones reproductoras de las aves que tienen una baja mortalidad natural (estrategas K, por ejemplo las ocas), pero sus tasas reproductivas son mayores que en poblaciones no cazadas. Esto se denomina rendimiento máximo sostenible. Debido a la variabilidad de los sistemas ecológicos, las tasas de extracción generalmente se fijan en un nivel algo menor, denominado rendimiento óptimo sostenible. Una buena gestión de las poblaciones puede incrementar este rendimiento.

Los siguientes párrafos del documento son muy interesantes puesto que señalan directamente conceptos fundamentales de buenas prácticas para la gestión del hábitat y del conjunto de especies, tanto cinegéticas como no cinegéticas, encaminado a su uso sostenible.

2.4.20 El concepto de la utilización razonable debería incorporar además la función positiva que puede derivarse de la gestión de los animales de caza. Esto implica un conjunto de medidas, como que se disponga de un hábitat mejor, mejor nutrición, menos predación, menos enfermedades o menos caza furtiva, que mejoren las condiciones de vida de las especies que se pueden cazar y de otras especies. Por lo tanto, aunque la captura anual pueda eliminar una proporción considerable de la población, esto se compensa con el aumento conseguido gracias a una menor mortalidad natural y/o a una mayor tasa de reproducción. Las buenas prácticas de gestión, de acuerdo con el principio de la utilización razonable, deberían tener en cuenta además las necesidades de las especies no cinegéticas y del ecosistema.

2.4.21 Una parte de los espacios naturales más importantes de Europa ha sobrevivido a las presiones del desarrollo y de la destrucción gracias a los intereses de la gestión de los animales de caza.

2.4.22 La caza, por lo tanto, puede contribuir a la conservación gracias a una utilización razonable.

2.4.23 Sin embargo, la gestión de la caza orientada a aumentar artificialmente la población de especies aisladas puede ser perjudicial para alguna otra especie, sobre todo si va ligada a la persecución ilegal de rapaces.

Por último, reseñar también un ilustrativo párrafo con recomendaciones directas al comportamiento y capacitación de los cazadores, en el que se refleja perfectamente el modelo de cazador conservacionista con el que sería totalmente recomendable nos identificásemos los seguidores de esta actividad. Caza conservacionista y cazador conservacionista es el modelo de caza y cazador que se propugna en este escrito y que, desde el punto de vista de su autor, resulta el más adecuado para enfrentarse de la manera más satisfactoria posible a los retos que la caza plantea en la actualidad.

2.4.30 El concepto de utilización razonable de los recursos naturales implica además un conocimiento y una capacitación adecuados. Los cazadores tendrían que estar bien informados de la necesidad de una correcta identificación de las especies, de las prácticas correctas, de las leyes de caza, de la necesidad de notificación, etc. Las actividades ilícitas (disparar a especies protegidas, usar trampas ilegales, cazar fuera de temporada o en zonas prohibidas, usar venenos ilegalmente) son contrarias al «principio de la utilización razonable» y se oponen asimismo al principio de la conservación por medio de la utilización sostenible. Por otra parte, las actividades ilícitas de un pequeño número de cazadores pueden también dar mala fama a toda la actividad cinegética. Puesto que los cazadores son los cuidadores más eficaces de las zonas de caza, redunda en su beneficio a largo plazo el oponerse cada vez más a tales actividades y que se vea que lo hacen. Existe además la necesidad de informar a los ciudadanos en general acerca del principio de conservación por medio de la utilización sostenible.

En conjunto, como se puede ver en esta breve pincelada a través de las citas que aquí se han señalado, el *Documento orientativo sobre la caza en virtud de la Directiva sobre aves silvestres*, resulta una importante guía en la que apoyarse para avanzar en las formulaciones adecuadas para la consecución de una caza sostenible.

> ## Directrices de Caza Sostenible en Europa

Como base fundamental de todo modelo de caza sostenible, las Directrices proponen dos Principios Ecológicos que deben ser siempre respetados:

- *La caza no debe afectar negativamente a largo plazo al estado de conservación de las especies de caza (categoría "A") en toda su área de distribución natural.*

- *La caza no debe afectar negativamente a largo plazo al estado de conservación de la comunidad biológica –fauna y flora- (categoría "B") a la que pertenecen las especies cazadas.*

Se trata de dos Principios básicos y fundamentales que deben ser siempre respetados, para lo cual la caza de las especies cinegéticas y su gestión debe centrarse en los siguientes objetivos ecológicos:

En lo que respecta a las especies cinegéticas (A) le corresponde:

a) mantener la densidad de las poblaciones, la distribución, la estructura y el comportamiento compatible con su conservación;

b) mantener la diversidad genética compatible con su conservación, por ejemplo, fomentando el mantenimiento de subpoblaciones;

c) en el caso de que la especie o población esté en un estado de conservación desfavorable, contribuir a la mejora de ese estado.

En lo que respecta a la comunidad biológica (B) a la que pertenecen las especies cazadas le corresponde:

a) mantener o mejorar la diversidad de las especies;

b) mantener o mejorar la diversidad del hábitat.

Para alcanzar los anteriores objetivos, se proponen las siguientes Directrices de Buenas Prácticas:

En lo que respecta a la ecología de las especies de caza (A), la caza (y las actividades relacionadas con la caza) mostrará:

A.1 Tener plenamente en cuenta y, si es posible, mitigar las consecuencias negativas de otras actividades humanas en la supervivencia de las especies silvestres o en su conducta natural (como su patrón de actividad diurna) en la medida en que este tendría un impacto significativo sobre el estado de conservación de la población.

A.2 Con el fin de conservar la diversidad genética presente en la población, evitar centrarse exclusivamente en la conducta externa o características fenotípicas como criterios de selección.

A.3 Para las especies en las que las actividades de los animales son superiores a la zona de gestión, fomentar la coordinación de gestión con las zonas vecinas, y en caso necesario, incluso a nivel internacional.

A.4 Tomar en cuenta las fluctuaciones estacionales en la disponibilidad de elementos del hábitat (tales como cobertura, alimentación, etc.) y en las condiciones climáticas, así como la reproducción, alimentación y pautas de descanso de las especies.

A.5 Tomar plenamente en cuenta, y cuando sea posible mitigar (por ejemplo, por los esfuerzos para restaurar los elementos importantes del hábitat), las consecuencias negativas para la degradación de los hábitat, la fragmentación y la pérdida debido a las actividades humanas

A.6 Aceptar la recolonización natural (y establecimiento) de las especies nativas originales (*).

A.7 Sólo reintroducir especies de caza pertenecientes a la lista de especies autóctonas en conformidad con las directrices de la UICN sobre la reintroducción de especies (*).

A.8 No introducir o fomentar especies no autóctonas (exóticas) (*).

142

A.9 Basarse en un plan de gestión elaborado (en el que se incluya al menos gestión de los objetivos y medidas para cada especie o grupo de especies).

A.10 Promover la toma de datos (para ser útiles, subdividida en sexos y clases de edad, y con otros datos relevantes posibles) con el fin de entender mejor la dinámica de la población y para facilitar el seguimiento, la evaluación y, si fuese necesario, la revisión de la planificación de la gestión (cf. la gestión adaptativa).

(*) Varias directrices requieren la existencia de listas de base científica de especies autóctonas y exóticas, incluyendo el estado de conservación de estas especies.

En lo que respecta a la ecología de la comunidad biológica (B) a la que pertenecen las especies de caza, la caza (y actividades conexas) en general no tienen un impacto negativo significativo en la comunidad biológica a la que pertenecen, y en particular:

B.1 Tener en cuenta el estado internacional, nacional y regional de conservación de la fauna y la flora, entre otras cosas, la presencia de especies raras o en peligro.

B.2 Sólo emprender la restauración de hábitats o de la forestación con material vegetal de procedencia local (en la hipótesis de la existencia de materiales certificados como tales).

B.3 Al regular los predadores, considerar la conservación a largo plazo de las especies de caza, así como la de los predadores y de la comunidad biológica a la que pertenecen, incluida la interacción entre los predadores y otras especies.

B.4 Los objetivos de abundancia, distribución y comportamiento de las especies cinegéticas son compatibles con el mantenimiento de la comunidad biológica a la que pertenece la especie explotada.

En cuanto a las consecuencias sociales y económicas (C) se refiere, la caza (y actividades conexas) debe orientarse a:

C.1 El mantenimiento o la regulación de las especies de caza a fin de que su abundancia, distribución y/o comportamiento sea compatibles con los intereses de otros sectores socioeconómicos, con inclusión de la agricultura, la selvicultura, la pesca, el tráfico, la salud pública, etc.

C.2 El uso de empleo y servicios locales.

143

C.3 Un justo retorno (en especie o en efectivo) para los proveedores de caza – por ejemplo, propietarios de tierras o sus usuarios- de las comunidades locales.

C.4 La participación de los cazadores locales.

C.5 Tener en cuenta el acceso y uso de la tierra por parte de otros usuarios (incluidos los usuarios recreativos).

C.6 Optimización de la utilización de la carne y otros productos procedentes de las especies cinegéticas.

C.7 Informar a la opinión pública acerca de la caza (valores, organización, métodos, etc.) y la gestión de la caza (objetivos, planificación de la caza, etc.), entre otros, a fin de demostrar la contribución de la caza sostenible a la conservación de la biodiversidad y al desarrollo rural.

C.8 Considerar las opiniones y los sentimientos del público, en particular de la población local.

C.9 Preservar los valores culturales, históricos y artísticos relacionados con la caza y la vida silvestre.

C.10 Tener instalaciones adecuadas para el seguimiento y recuperación de especímenes heridos o muertos, y en general la adopción de todas las precauciones razonables para eliminar el sufrimiento evitable de los animales silvestres.

En las Directrices, los Principios ecológicos priman sobre los Principios económicos y socio-culturales (como se afirma en el propio texto: *"si la caza es ecológicamente insostenible, esto no puede ser compensado por sostenibilidad económica y/o socio-cultural"*).

➢ **Carta Europea sobre Caza y Biodiversidad**

La Carta Europea sobre Caza y Biodiversidad, en cuanto a la caza sostenible, los objetivos que pretende son:

1. Proporcionar un conjunto de principios no vinculantes y directrices para la ordenación sostenible de la caza que facilite la conservación de la biodiversidad y el desarrollo rural.

2. Alentar la participación de los cazadores en la supervisión, gestión y los esfuerzos de investigación dirigidos a la gestión y la conservación de la fauna y flora silvestres y sus hábitats.

3. Promover la cooperación entre los cazadores y otras partes interesadas en la conservación y gestión de la biodiversidad.

Para el conjunto de los tres aspectos que contempla (caza sostenible, turismo cinegético y normas para los cazadores europeos), la Carta propone 12 Principios:

- *Principio 1: Favorecer el gobierno a distintos niveles para maximizar el beneficio para la conservación de la biodiversidad y para la sociedad.*

- *Principio 2: Asegurar que las regulaciones son comprensibles y respetadas.*

- *Principio 3: Asegurar que el aprovechamiento (cinegético) es ecológicamente sustentable.*

- *Principio 4: Mantener las poblaciones silvestres de especies autóctonas con un pool genético adaptado.*

- *Principio 5: Mantener ambientes que soporten poblaciones sanas y resistentes de especies cinegéticas.*

- *Principio 6: Fomentar usos que provean incentivos económicos para la conservación.*

- *Principio 7: Asegurar que el aprovechamiento se realiza adecuadamente evitando el despilfarro.*

- *Principio 8: Potenciar a las partes interesadas locales y exigirles responsabilidad.*

- *Principio 9: Competencia y responsabilidad son deseables entre los usuarios de los recursos silvestres.*

- *Principio 10: Minimizar el sufrimiento evitable a los animales.*

- *Principio 11: Fomentar la cooperación entre todas las partes interesadas en la gestión de las especies cinegéticas, especies asociadas y sus hábitats.*

- *Principio 12: Fomentar la aceptación por la sociedad del aprovechamiento consuntivo sostenible como una herramienta para la conservación.*

➤ **Iniciativa Cotos Faunísticos (*Wildlife Estates initiative, WEi*)**

Los 10 Principios que establece esta iniciativa (Wildlife Estates Charter) son:

1. *Identificación de un responsable al frente de la gestión.*

2. *Respeto de los requisitos del Acuerdo entre BirdLife International y FACE en La Directiva 79/409/CEE, a la Carta Europea sobre Caza y Biodiversidad y la Guía sobre la caza en virtud de la Directiva de Aves de la Comisión Europea.*

3. *Existencia de un plan plurianual de gestión integrada (multi annual integrated management plan, MAIMP), incluyendo objetivos, acciones, seguimiento e informe anual de buena conservación del paisaje, el hábitat y las especies silvestres.*

4. *Existencia de prácticas activas de gestión de fauna.*

5. *Existencia de caza sostenible y/o actividades de pesca deportiva.*

6. *Planificación e implementación de relaciones públicas/actividades de educación.*

7. *Respeto de los requisitos ecológicos y legales. Por ejemplo Natura 2000, Red Natura 2000, Plan de Gestión.*

8. *Respetar las directrices de la UICN en la reintroducción de especies cinegéticas autóctonas.*

9. *Asegurar un equilibrio entre todas las especies que viven en la finca.*

10. *Ajustar el aprovechamiento anual a la dinámica de la población natural existente.*

3.3.- Principios para una caza sostenible formulados en Europa

Partiendo fundamentalmente de las anteriores propuestas, aunque teniendo también en cuenta el conjunto de todos los documentos que se han señalado a lo largo de este trabajo, se puede hacer un ejercicio de síntesis para recoger los Principios básicos en los que debe sustentarse toda forma de caza sostenible.

Los Principios básicos de caza sostenible que estos documentos establecen son los siguientes:

Sistema de Certificación Cinegética de la Agencia Federal de Medioambiente de Austria:

- La conservación y mejora de los hábitats de la vida silvestre es un objetivo de la caza.

- La práctica de la caza deberá garantizar la conservación y mejora de las especies de caza mediante su aprovechamiento y protección.

- La diversidad genética natural de las especies de caza es preservada y fomentada por medio de una adecuada práctica de la caza.

Documento orientativo sobre la caza de conformidad con la Directiva79/409/CEE del Consejo relativa a la conservación de las aves silvestres:

2. 4 Principios generales y criterios que se han de respetar en la caza:

- No comprometer los esfuerzos de conservación realizados en el área de distribución

- Utilización razonable

- Regulación equilibrada desde el punto de vista ecológico

Directrices de Caza Sostenible en Europa:

- La caza no debe afectar negativamente a largo plazo al estado de conservación de las especies de caza (categoría "A") en toda su área de distribución natural.

- La caza no debe afectar negativamente a largo plazo al estado de conservación de la comunidad biológica –fauna y flora- (categoría "B") a la que pertenecen las especies de caza.

En lo que respecta a las especies cinegéticas (A) le corresponde:

a) mantener la densidad de las poblaciones, la distribución, la estructura y el comportamiento compatible con su conservación;

b) mantener la diversidad genética compatible con su conservación, por ejemplo, alentando el mantenimiento de subpoblaciones;

c) en el caso de que la especie o población esté en un estado de conservación desfavorable, contribuir a la mejora de ese estado.

En lo que respecta a la comunidad biológica (B) a la que pertenece las especies de caza le corresponde:

a) mantener o mejorar la diversidad de las especies;

b) mantener o mejorar la diversidad del hábitat.

Carta Europea sobre Caza y Biodiversidad:

- Principio 3: Asegurar que el aprovechamiento (cinegético) es ecológicamente sustentable.

- Principio 4: Mantener las poblaciones silvestres de especies autóctonas con un pool genético adaptativo.

- Principio 5: Mantener ambientes que soporten poblaciones sanas y resistentes de especies cinegéticas.

Iniciativa Cotos Faunísticos (*Wildlife Estates initiative, WEi*):

- Principio 2: Respeto de los requisitos del Acuerdo entre BirdLife International y FACE en La Directiva 79/409/CEE, a la Carta Europea sobre Caza y Biodiversidad y la Guía sobre la caza en virtud de la Directiva de Aves de la Comisión Europea.

- Principio 3: Existencia de un plan plurianual de gestión integrada *(multi annual integrated management plan, MAIMP)*, incluyendo objetivos, acciones, seguimiento e informe anual de buena conservación del paisaje, el hábitat y las especies silvestres.

- Principio 4: Existencia de prácticas activas de gestión de fauna.

- Principio 5: Existencia de caza sostenible y / o actividades de pesca deportiva.

- Principio 8: Respetar las directrices de la UICN en la reintroducción de especies cinegéticas autóctonas.

- Principio 10: Ajustar el aprovechamiento anual a la dinámica de la población natural existente.

PRINCIPIOS DE CAZA SOSTENIBLE RECOGIDOS EN DIVERSAS PROPUESTAS EN EUROPA	
PROPUESTAS DE CAZA SOSTENIBLE	**PRINCIPIOS FUNDAMENTALES RECOGIDOS EN CADA PROPUESTA**
Sistema de Certificación Cinegética de Austria	• Conservación de los hábitats • Conservación de las especies de caza • Preservación genética especies de caza
Guía para la Caza Sostenible de las Aves Silvestres	• Ayudar a la conservación de su área de distribución • Utilización razonable • Regulación ecológica equilibrada
Directrices de Caza Sostenible en Europa	• La caza no debe afectar negativamente a la conservación de las especies de caza • La caza no debe afectar negativamente te a la conservación de la comunidad biológica (flora y fauna)
Carta Europea sobre Caza y Biodiversidad	• Aprovechamiento ecológicamente sustentable • Mantenimiento genético de la población • Mantenimiento adecuado del ambiente
Iniciativa Cotos Faunísticos	• Respeto a la Carta Europea sobre Caza y Biodiversidad y la Guía para la Caza Sostenible de las Aves Silvestres • Existencia de gestión integrada • Existencia de caza sostenible • Respetar las directrices de UICN para reintroducción de especies • Ajustar el aprovechamiento a la dinámica natural de la población

Tabla 6: Principios de caza sostenible recogidos en diversas propuestas de caza sostenible en Europa

3.4.- Principios fundamentales de caza sostenible

Basándose en todo lo anterior, se propone una síntesis de sus formulaciones para establecer unos principios fundamentales de caza sostenible que sería importante tener siempre en cuenta para delimitar con certeza la ordenación, el aprovechamiento y la gestión sostenible de la caza.

Así, siguiendo las propuestas anteriores, aunque teniendo también en cuenta el conjunto de todos los documentos que se han señalado a lo largo de este trabajo, los **Principios de Caza Sostenible Fundamentales** que siempre deben cumplirse serían, al menos, los siguientes:

- **Principio de conservación de las especies cinegéticas**

  La caza debe conservar y mejorar las poblaciones en estado natural de las especies de caza, manteniendo su densidad, comportamiento natural y diversidad e integridad genética.

- **Principio de conservación de las especies no cinegéticas**

  La caza no puede ser un problema para el resto de especies. Debe respetar las especies no cinegéticas, ayudando a conservar y mejorar con su gestión en la medida de lo posible el conjunto de poblaciones presentes.

- **Principio de conservación de los hábitats**

  La caza debe conservar y mejorar el ambiente en el que se desarrolle, manteniendo como un conjunto integrado sus componentes bióticos y abióticos, y los procesos naturales y antrópicos que los relacionan.

PRINCIPIOS FUNDAMENTALES DE CAZA SOSTENIBLE		
PRINCIPIO DE CONSERVACIÓN DE LAS ESPECIES CINEGÉTICAS	**PRINCIPIO DE CONSERVACIÓN DE LAS ESPECIES NO CINEGÉTICAS**	**PRINCIPIO DE CONSERVACIÓN DE LOS HÁBITATS**
La caza debe conservar las especies de caza en su estado natural, manteniendo su densidad, comportamiento natural e integridad genética	La caza debe respetar las especies no cinegéticas, ayudando con su gestión a conservarlas	La caza debe conservar el ambiente en el que se desarrolle, manteniendo sus componentes y los procesos naturales y antrópicos que los relacionan

Tabla 7: Principios fundamentales de caza sostenible

Estos Principios deberían ser siempre escrupulosamente respetados si se quiere llevar a cabo una caza sostenible. Cualquier forma de caza que incumpla alguno de ellos, debería descartarse como caza sostenible.

La caza sostenible solo necesita algunos pocos, muy pocos, Principios Fundamentales que sean siempre respetados. Si se establecen con claridad estos Principios y se articulan fórmulas adecuadas para llevarlos a la práctica de manera razonable y sencilla, la sostenibilidad de la actividad cinegética se verá claramente favorecida y facilitada. La caza en su conjunto obtendría con ello un importante beneficio como actividad sostenible.

En el siguiente capítulo se propone una fórmula práctica que permite establecer con cierta facilidad cuándo la caza puede considerarse sostenible o no.

CAPÍTULO 4

¿QUÉ ES LA CAZA SOSTENIBLE?

4.1.- Definición de caza sostenible

4.2.- El concepto de sostenibilidad en la caza

4.3.- Modelos de aprovechamiento y gestión de la caza

4.4.- Caza artificial, modelo de caza insostenible

4.5.- ¿Cuándo es insostenible la caza?

4.6.- ¿Cuándo es sostenible la caza?

4.1.- Definición de caza sostenible

Según la **Carta Europea sobre Caza y Biodiversidad**, se entiende por **caza sostenible**: *"el uso de especies de caza silvestres y sus hábitats en un modo y a un ritmo que no conduzca a la disminución a largo plazo de la diversidad biológica o entorpezca su restauración. Ese uso mantiene el potencial de la diversidad biológica para satisfacer las necesidades y aspiraciones de las generaciones presentes y futuras, así como el mantenimiento de la caza como una actividad aceptada social, económica y culturalmente (sobre la base de la definición de "uso sostenible" en el artículo 2 del Convenio sobre la Diversidad Biológica (CBD)). Cuando la caza es llevada a cabo de manera sostenible, puede contribuir positivamente a la conservación de las poblaciones silvestres y sus hábitats, y también beneficiar a la sociedad."* (Brainerd, 2007)

La definición que aporta la Carta Europea sobre Caza y Biodiversidad es muy completa, fruto de un profundo trabajo de reflexión sobre el tema por parte de un grupo de trabajo dentro del Comité Permanente del Convenio de Berna, dependiente del Consejo de Europa, formado por la UICN (Unión Internacional de Conservación de la Naturaleza), FACE (Federación de Asociaciones de Caza y Conservación de la Unión Europea), CIC (Consejo Internacional de la Caza y Conservación de la Fauna) y BirdLife Internacional.

Si se desglosa la definición propuesta por la Carta Europea sobre Caza y Biodiversidad para profundizar en su contenido, se encuentra que:

Primero. Las especies silvestres y sus hábitats constituyen un recurso natural renovable susceptible de ser utilizado. Es lícito, por tanto, su aprovechamiento. Se reconoce con ello el derecho de las personas que quieran utilizarlo a ejercerlo, concediendo a las especies cinegéticas el estatus de recurso que cubre unas determinadas necesidades humanas.

Segundo. Sin embargo, el uso o aprovechamiento de las especies cinegéticas y de sus hábitats no puede ser de cualquier manera. Debe ser *"en un modo y a un ritmo que no conduzca a la disminución a largo plazo de la diversidad biológica o entorpezca su restauración"*. Debe ser un **uso sostenible**. Para ello, el aprovechamiento cinegético debe estar sujeto a determinadas "condiciones" que garanticen su sostenibilidad.

Tercero. El aprovechamiento cinegético, realizado con esas determinadas condiciones, es sostenible y se mantiene en el tiempo para *"satisfacer las necesidades y aspiraciones de las generaciones presentes y futuras"*.

Cuarto. La caza así llevada a cabo se convierte en una *"actividad aceptada social, económica y culturalmente"*. Lo cual hace de la caza así ejercida, la caza sostenible, una actividad plenamente aceptada por la sociedad. La caza sostenible es el mejor argumento para la defensa de la caza como actividad.

Quinto. La caza, llevada a cabo de manera sostenible, contribuye a la conservación de las poblaciones silvestres (tanto cinegéticas como no cinegéticas) y beneficia a la sociedad al mantener la biodiversidad, los hábitats y el paisaje (*"Cuando la caza es llevada a cabo de manera sostenible, puede contribuir positivamente a la conservación de las poblaciones silvestres y sus hábitats, y también beneficiar a la sociedad"*). Lo cual constituye el eje fundamental que articula el que la caza sostenible sea una actividad conservacionista. A la vez que, basándose en los tres pilares de la sostenibilidad en los que debe apoyarse todo uso sostenible, también debe ser una actividad económica y socialmente rentable.

4.2.- El concepto de sostenibilidad en la caza

Independientemente de su definición, el concepto de sostenibilidad en la caza ofrece varias posibilidades de profundización. Por un lado, la concepción de sostenibilidad más generalizada, la que afecta al aprovechamiento de las poblaciones cinegéticas a ser cazadas, entiende que es sostenible una utilización del recurso que suponga cazar solo una parte de la población, su excedente o incremento, dejando intacta la población como conjunto en su capacidad de mantenerse indefinidamente en el tiempo.

Sin embargo, la caza sostenible es más que eso. Existe un grado más de profundización que debe ser tenido en cuenta para alcanzar a comprender plenamente el concepto de sostenibilidad en la caza.

Es cierto que lo anterior, cazar solo una parte de la población dejando intacta su capacidad de perpetuarse indefinidamente en el tiempo, es lo que normalmente se entiende como sostenibilidad en la caza. Esto es fundamental y constituye la base de la caza sostenible: las poblaciones cazadas deben mantenerse viables en el tiempo. Pero eso no es lo único. Debe haber también otros parámetros que garanticen que ese mantenimiento de las poblaciones en el tiempo procura poblaciones sanas, silvestres, viables como tales por si solas; a la vez que sus hábitats se conservan igualmente en estado de satisfacerles por si mismos todas sus necesidades. Y estos parámetros incluyen que la población se mantenga pura (genética), sea silvestre (no ganado), mantenga intacto su carácter silvestre para la supervivencia y la defensa (no sea alimentada artificialmente, ni manejada intensiva o artificialmente) y su población esté sujeta a la capacidad de carga del medio (puede ser una capacidad de carga ordenada: aumentada naturalmente, sin intensificar ni artificializar la población ni su medio). Todo ello englobado en la conservación de la diversidad biológica en su conjunto (especies, ecosistemas y genes) que debe igualmente ser conservado globalmente (*"el uso de especies de caza silvestre y sus hábitats en un modo y a un ritmo que no conduzca a la disminución a largo plazo de la diversidad biológica o entorpezca su restauración"*).

La sostenibilidad completa, integral en la caza tiene, por tanto, dos condiciones de obligado cumplimiento: la no sobreexplotación del recurso (su mantenimiento en el tiempo) y la no artificialización del recurso (su mantenimiento en el tiempo de manera natural, sin alterar negativamente sus parámetros naturales ni los de sus hábitats).

La sostenibilidad integral en la caza se alcanza cuando se cumplen estas dos condiciones:

1. Las poblaciones cinegéticas se mantienen viables para un aprovechamiento sostenido en el tiempo (sin sobreexplotación).

2. Las poblaciones cinegéticas se mantienen **de manera natural** en el tiempo (sin artificialización).

1. Las poblaciones cinegéticas se mantienen viables para un aprovechamiento sostenido en el tiempo (sin sobreexplotación).

Cuando la extracción de caza se hace sobre los excedentes y se deja intacta la capacidad de la población para perpetuarse y perdurar en el tiempo, hay caza sostenible. La cuota de extracción (el aprovechamiento cinegético) debe hallarse por técnicas de cálculo de tasas de aprovechamiento. Si los datos utilizados para realizar los cálculos son correctos y se respeta escrupulosamente las cuotas de extracción, esta es la forma más apropiada de actuar en la actualidad. No obstante lo cual, es siempre totalmente recomendable utilizar el principio de precaución[15] al

---

[15].- Entendido, como anteriormente ya se indicó, en un sentido amplio de actuación cuidadosa o precaución preventiva.

realizar el aprovechamiento. Cuando se pretende activamente conservar la población cazada y se utiliza el principio de precaución, existen altas probabilidades de cumplir satisfactoriamente con la condición de mantenimiento de las poblaciones en el tiempo viables para ser cazadas. Utilizar el principio de precaución es una de las maneras más acertada de garantizar la sostenibilidad del recurso.

2. Las poblaciones cinegéticas se mantienen de manera natural en el tiempo (sin artificialización).

Cuando hay actuaciones de gestión cinegética con intervención sobre las poblaciones cinegéticas, sobre otras poblaciones o sobre sus hábitats, es necesario considerar también otros parámetros para establecer plenamente la sostenibilidad en la caza.

Ya no se trata solo de cazar una parte de la población, dejando intacta su capacidad de perpetuarse en el tiempo. En este caso, cuando hay gestión cinegética con actuaciones sobre las poblaciones o el hábitat, hay que contemplar también otros requisitos fundamentales para que exista plenamente sostenibilidad cinegética.

Para que exista plenamente sostenibilidad cinegética, se trata también de mantener la propia población de la especie cazada en un estado natural, como especie silvestre, con sus capacidades ecológicas naturales intactas, sana y genéticamente pura, no intervenida, degradada ni modificada. Si hay intervención sobre el hábitat, también hay que intervenir de manera adecuada, sin artificializarlo, conservándolo y mejorándolo en la medida de lo posible en su capacidad de acogida: alimentación, bebida, refugio y tranquilidad. Pero siempre de manera natural, sin utilizar técnicas ganaderas que artificialicen el recurso. Las especies cinegéticas deben ser siempre especies naturales, silvestres, adaptadas a su medio, en el que puedan vivir por sí mismas y extraer de él todas sus necesidades independientemente del hombre. Solo entonces las actuaciones sobre el hábitat son adecuadas y lícitas desde el punto de vista de la sostenibilidad integral del recurso cinegético. Y todo ello debe hacerse también de manera que no afecte negativamente a las otras especies cinegéticas que comparten el hábitat. Por el contrario, favoreciéndolas a través de una adecuada gestión que también les beneficie.

Cuando hay actuaciones de gestión cinegética sobre las poblaciones y/o el hábitat, solo si se cumplen todas estas premisas se puede hablar de caza sostenible. Cuando hay intervención directa en poblaciones cinegéticas, en otras poblaciones y en el hábitat, no es suficiente con mantener viables en el tiempo las poblaciones cazadas para hablar de caza sostenible. Es totalmente necesario garantizar también todas las condiciones anteriormente descritas para poder establecer con absoluta certeza una caza sostenible. Un uso sostenible sobre unas especies y un hábitat sostenible.

Para ello, es preciso, por tanto, establecer claramente los parámetros o condiciones que permitan delimitar cuándo la actividad cinegética y su gestión es sostenible o no lo es.

SOSTENIBILIDAD INTEGRAL EN LA CAZA	
CONDICIONES	RESULTADO
Extracción de solo una parte de la población dejando intacta su capacidad de mantenerse indefinidamente en el tiempo	No Sobreexplotación
Mantenimiento de poblaciones cinegéticas naturales, silvestres	No Artificialización

Tabla 8: Condiciones para la sostenibilidad en la caza

4.3.- Modelos de aprovechamiento y gestión de la caza

La ordenación cinegética (a nivel de unidad de gestión) es la planificación del recurso caza, plasmada en un documento de gestión denominado comúnmente Proyecto de Ordenación Cinegética, o siguiendo la normativa cinegética española, Plan Técnico de Caza. La gestión cinegética es la ejecución o puesta en práctica de la ordenación.

La caza, a través de la gestión, es una herramienta directa de manejo de poblaciones animales silvestres y de sus hábitats. Este manejo repercute, en primer lugar, en las propias poblaciones de especies cinegéticas y, en segundo lugar, en el resto de comunidades de flora y fauna, por tanto en el conjunto de los ecosistemas.

La gestión cinegética puede ser positiva o negativa para la conservación, tanto de las propias especies cinegéticas en tanto que poblaciones de especies silvestres naturales, como del conjunto del ecosistema: negativa, si es una gestión intensiva y artificializante; positiva, si es una gestión natural y sostenible.

A grandes rasgos, se puede afirmar que existen dos modelos de aprovechamiento y gestión de la caza. Un modelo insostenible, intensivo y artificial; y un modelo de caza natural y sostenible.

Hoy conviven estos dos modelos de aprovechamiento y gestión de la caza. Dos modelos de caza: el modelo intensivo/artificial y el modelo natural/sostenible.

4.4.- Caza artificial, modelo de caza insostenible

El modelo de caza insostenible está fundamentado básicamente en el principio de concebir la caza, especialmente su gestión, como ganadería (Drew, 1989; Ruiz, 2000; Carranza, 2004; Mulero, 2013). La caza es manejada como un tipo especial de ganadería a la que se aplican técnicas de gestión de ganado en extensivo. Esta situación da lugar, allí donde se produce, a un modelo de caza insostenible, intensivo y artificializado en mayor o menor grado según la cantidad e intensidad de técnicas de gestión artificial utilizadas (Diaz-Fernandez *et al.*, 2013; Leader-Williams, 2013; Armenteros, 2014), alcanzando sus más altas cotas en lo que en España se denomina "caza de bote", e internacionalmente es conocido en inglés como "canned hunting" (Ireland, 2002; Judex, 2009; Dobson *et al.*, 2012)

En España, este modelo de caza surge en las últimas décadas y está muy generalizado (Cano, 2005; Vargas, 2007; Arroyo *et al.*, 2012; Díaz-Fernandez *et al.*, 2012). Las causas por las que se inicia y progresivamente se establece, son múltiples. Sin entrar en el análisis de las causas por las que se implanta en nuestro país, sí se examinarán los efectos que ello produce, estableciendo los parámetros que permiten delimitar con suficiente certeza cuándo la caza ejercida en un determinado lugar es o no sostenible.

En Europa en general, y en otras muchas partes del mundo, el modelo de caza artificial, de caza insostenible, está ampliamente difundido (Chardonnet *et al.*, 2002; Putman *et al.,* 2011). Quizás en cada caso las causas por las que se produce son diferentes, pero el efecto que provocan es siempre el mismo: una caza no natural, adulterada, con unas consecuencias negativas sobre las propias poblaciones cinegéticas silvestres y sobre su medio, llegando en casos extremos a situaciones absolutamente nefastas.

La caza artificial, el modelo de caza insostenible, tiene unos efectos altamente negativos desde diversos puntos de vista. Para la caza en cuanto actividad, porque desvirtúa los parámetros mismos que constituyen la esencia de la caza. Como diría Ortega, porque va contra la *"mismidad de la caza"* (Ortega, 1943). Para la caza en cuanto recurso natural, porque altera la condición de naturalidad y salvajismo de las especies cinegéticas. Para el medio natural, porque adultera transformando la libre interacción de sus componentes.

En todo caso, no se debe confundir la caza artificial con toda forma de gestión cinegética. Hablamos solo de aquellas actuaciones de gestión que dan lugar a una insostenibilidad del recurso cinegético. La gestión cinegética sostenible, en sí misma, constituye una eficaz herramienta de mantenimiento y mejora de la caza en cuanto recurso y de conservación del medio en su conjunto.

4.5.- ¿Cuándo es insostenible la caza?

La mejor manera de establecer cuándo es insostenible la caza es aquella en la que cualquiera de las actuaciones de caza o de gestión tiene algún efecto negativo sobre las poblaciones o sobre el hábitat.

Los efectos negativos (sobre las propias especies cinegéticas, sobre otras especies no cinegéticas, o sobre el hábitat) explican y demuestran que la actuación (de caza o de gestión) es inadecuada desde el punto de vista de la sostenibilidad: afecta a la conservación natural de las especies en relación con su medio, o al propio medio en su conjunto. Un efecto negativo sobre las poblaciones o sobre su medio indica e implica, dependiendo de su intensidad, un nivel mayor o menor de intensificación y artificialización. Cuanto mayor sea el nivel de los efectos negativos de estas actuaciones, mayor insostenibilidad. Los efectos negativos sobre las poblaciones o sobre sus hábitats explican, a la vez que lo demuestran por sus resultados, la insostenibilidad en la caza. Por ello, cualquier actuación que afecte negativamente a cualquiera de los tres **Principios Fundamentales de Caza Sostenible** (a las especies cinegéticas, a las especies no cinegéticas o al hábitat) es insostenible.

En la caza, un efecto negativo sobre las poblaciones o sobre el hábitat puede derivar tanto de la propia acción de caza, como de las actuaciones de gestión.

En las siguientes tablas se puede ver, a través de sus efectos, las actuaciones más comunes que dan lugar a la insostenibilidad en la caza.

ACTUACIÓN		EFECTO
Actuaciones de Caza	Sobreexplotación Cinegética (caza en exceso)	Terrenos esquilmados con poblaciones muy por debajo de su capacidad de carga. En casos extremos, desaparición de la población. Una especie cinegética sobreexplotada es, por definición, insostenible.
	Subexplotación Cinegética	Sobrecarga poblacional en espacios en donde no hay predación natural ni posibilidad de emigración de la población. Efectos negativos por la excesiva densidad sobre la propia población (alteración de parámetros individuales y poblacionales, competencia intraespecífica), sobre otras poblaciones (competencia interespecífica) y sobre el medio.

Tabla 9: Actuaciones de caza insostenible: actuaciones de caza

ACTUACIÓN		EFECTO
Actuaciones de Gestión	**Alimentación artificial continua en comederos**	Es siempre una artificialización ganadera que conlleva, entre otros, uno o más de los siguientes efectos: • Sobrecarga poblacional más allá de la capacidad de carga ordenada del medio • Alteración de los comportamientos naturales de la especie y de su estructura y dinámica poblacional natural • Problemas sanitarios por aumento de contacto, focos de infección y, en casos extremos, hacinamiento • Impacto sobre la vegetación y el suelo cercano al lugar de alimentación
	Suelta directa de ejemplares o refuerzo poblacional con la única finalidad de ser cazados	Sustitución de poblaciones naturales (fauna) por otras de granja (ganado). Caza artificial. El medio natural es solamente un soporte de la actividad cinegética, no es el creador y artífice de la actividad. Problemas genéticos, sanitarios. Comportamiento no silvestre.
	Repoblaciones e introducción de individuos sin control genético y/o sanitario	Entre otros, algunos de estos efectos negativos: • Introgresión genética • Hibridación • Introducción de enfermedades • Falta de selección natural
	Utilización de mangas, corrales, capturaderos, etc., para un manejo ganadero de la caza	La utilización de estas herramientas implica una clara artificialización al concebir el manejo de las poblaciones cinegéticas como si fuesen ganado.

	Utilización de cercones para cazar	Práctica que difícilmente se puede denominar cinegética, alejada de cualquiera de los parámetros básicos que definen la caza en sí misma.
	Inseminación artificial y otras técnicas artificiales de reproducción	Prácticas ganaderas que interfieren en dinámica genética natural de la especies.
	Bebederos artificiales excesivos y/o mal atendidos	Implican una artificialización cuando superan una mejora razonable. Pueden dar lugar, entre otros, a los siguientes efectos: • Problemas sanitarios • Focos de predación
	Vallados que impidan el paso de la fauna no cinegética	La utilización de vallados está sujeta a fuertes polémicas. Es siempre insostenible cuando afecta a la fauna a la que no está destinado
	Control no selectivo de predadores	Al igual que los vallados, también es un tema polémico. Es insostenible cuando se realiza con medios masivos o no selectivos

Tabla 10: Actuaciones de caza insostenible: actuaciones de gestión

Las **actuaciones de caza** que pueden dar lugar a insostenibilidad son normalmente de dos tipos: de sobrexplotación de recurso o de subexplotación en determinadas circunstancias del hábitat.

- **Sobreexplotación (caza en exceso).**

La sobreexplotación por caza en exceso da lugar a poblaciones cinegéticas marginales, en muchos casos muy por debajo de la capacidad de carga del medio. En casos extremos se llega a la desaparición de la propia población.

La sobreexplotación cinegética ha sido históricamente la forma más común de un uso insostenible del recurso cinegético. Su utilización ha dado y da lugar siempre a efectos claramente negativos, que en algunos casos históricos se pueden denominar sin paliativos de absolutamente catastróficos. Estos efectos son siempre perjudiciales:

para las propias poblaciones cinegéticas que lo sufren, para los ecosistemas de los que forman parte y, finalmente, desde el punto de vista del aprovechamiento humano, para el valor de uso del propio recurso que queda claramente devaluado. Una especie cinegética sobreexplotada es, por definición, insostenible.

- **Subexplotación.**

   La subexplotación cinegética en aquellos lugares en los que no exista predación natural ni posibilidad de emigración de la población, da lugar a los efectos negativos propios de la sobrecarga poblacional. Tanto sobre la propia población, alterando los parámetros poblacionales e individuales normales, llegando en casos extremos al surgimiento de epizootias de oportunidad; como sobre el hábitat, que se ve sometido a una presión excesiva por parte de una población en muchos casos muy por encima de su capacidad de carga, con repercusiones sobre todo en la vegetación, tanto natural como cultivos, si se trata de una especie fitófaga.

Las **actuaciones de gestión** que dan lugar a insostenibilidad son numerosas. Entre las más comunes, se encuentran:

- **Alimentación artificial continua en comederos**.

   Se trata de una práctica que conlleva una artificialización derivada de un manejo con prácticas ganaderas de la fauna silvestre, convirtiéndola a efectos prácticos en ganado.

   Las especies cinegéticas son especies silvestres, por tanto fauna. Si se manejan como domésticas se convierten en ganado. Dejan de tener plenamente los atributos que distinguen a las especies silvestres del ganado, entre otros muchos, el fundamental de la independencia del hombre para vivir en sus propios hábitats sujetos a las condiciones de su medio.

   La alimentación artificial es una de las prácticas de intensificación ganadera y artificialización más extendidas. Los comederos pueden ser tanto cualquier tipo de recipiente a propósito para ello, como depositando el alimento directamente sobre el suelo.

   La práctica de la suplementación continua en comederos da lugar a múltiples efectos negativos. Entre ellos, se pueden destacar:

sobrecarga poblacional más allá de la capacidad de carga ordenada del medio; alteración de los comportamientos naturales de la especie y de su estructura y dinámica poblacional natural; problemas sanitarios por aumento de contacto, focos de infección y, en casos extremos, hacinamiento; e impacto sobre la vegetación y sobre el suelo cercano al lugar de alimentación.

No obstante todo lo anterior, la suplementación o alimentación artificial puntual en casos extremos de condiciones ambientales desacostumbradas, puede estar totalmente justificada si se trata con ello de superar un bache alimenticio puntual y mantener una población que sufriría efectos muy negativos de no tomarse alguna medida que lo palie.

Para diferenciarlos de la alimentación artificial, se puede afirmar que son sostenibles los recursos alimenticios que se producen espontáneamente, o los producidos por el hombre en la misma unidad de gestión, que son tomados directamente por las especies cinegéticas en el mismo lugar de producción sin transformación, almacenamiento, transporte y suministro en comederos. En este sentido, es perfectamente compatible con una caza natural el incrementar los recursos alimenticios a través de siembras para la caza, implantación de pastizales, desbroces, resalveos, etc.

- **Suelta directa de ejemplares o refuerzo poblacional con la única finalidad de ser cazados.**

  No incluye las repoblaciones cuya finalidad sea recuperar una población, aunque si las que solo y exclusivamente tienen por objeto su caza a medio plazo tras un hipotético tiempo de "naturalización".

  Cuando se sueltan directamente ejemplares para ser cazados, se trata de un caso claro y extremo de artificilización. En él se sustituye la población cinegética silvestre natural a ser cazada por animales criados en granjas, totalmente ajenos al medio e independientes de él. Animales domésticos, ganado. Nunca especies silvestres naturales[16].

---

[16] En relación a lo cual, se puede afirmar que el ganado nunca se "caza", se sacrifica o se mata, pero nunca se caza. Por tanto, "cazar" animales que no sean puramente silvestres, puede ser cualquier cosa, pero difícilmente cazar.

El medio natural se convierte así solamente en un mero soporte de la actividad cinegética, dejando de ser el creador y artífice de ella. Sus condiciones son indiferentes ya que la población capturada no depende de él al ser criada en granjas y solamente será depositada puntualmente para ser capturada.

Constituye una práctica con una variada casuística en cuanto a los motivos que dan lugar a su realización. Algunas de las causas más comunes son:

- Utilización como sustituto de poblaciones cinegéticas naturales marginales o en densidad por debajo de la demandada por sus usuarios, a la que se ha llegado en muchos casos por sobreexplotación del recurso.

- Utilización de esta práctica tras intentos fracasados de recuperación de la población natural por incapacidad técnica, económica o social (en este último caso, por ejemplo, intereses contrapuestos difícilmente superables de los usuarios del mismo espacio).

- Utilización directa como sustituto de poblaciones cinegéticas naturales soltada para ser cazada bajo demanda, asegurando los resultados.

En todo caso, se deba a estas causas o a otras cualquiera, se trata siempre de una práctica contraria a la sostenibilidad natural del recurso cinegético. Los efectos negativos son múltiples, para la propia población cinegética desde genéticos (introgresión, hibridaciones…) a sanitarios (parasitosis, enfermedades…, que incluso pueden alcanzar a otras poblaciones tanto cinegéticas como no cinegéticas), pasando por comportamientos no silvestres que devalúan la actividad cinegética de captura basada en el principio de persecución justa, etc. Todo ello, independientemente del aspecto ético de la caza, o de la esencia misma de la caza, de la *mismidad de la caza*" como la definió Ortega y Gasset (Ortega, 1943), lo cual por sí mismo sería ya un argumento suficiente para ser rechazada.

• **Repoblaciones sin control genético y/o sanitario**.

Las repoblaciones son actuaciones de gestión cinegética totalmente válidas siempre que se den las condiciones adecuadas de realización.

Independientemente de por qué se lleva a cabo una repoblación, sea para asentar una determinada población en donde desapareció, para aumentar su número de manera más rápida o sea porque se haya tenido que recurrir a ella tras haber fracasado otras fórmulas de aumento de la población, lo verdaderamente fundamental es que la finalidad de la población introducida sea mantenerse en el tiempo de manera autosuficiente y autónoma a partir de haber conseguido su implantación.

Las repoblaciones son fórmulas de gestión perfectamente válidas cuando se llevan a cabo de manera adecuada. El problema viene cuando no se realizan de forma escrupulosa y dan lugar a problemas genéticos y/o sanitarios. Si la población introducida no cumple con las debidas características de idoneidad genética o es portadora de enfermedades o parásitos que puedan afectarle a sí misma o a las poblaciones existentes, entonces no se cumplen con los Principios básicos de sostenibilidad que es necesario en todo caso respetar para considerarse un uso sostenible.

Las repoblaciones sin las adecuadas características genéticas y sanitarias son un grave problema para la sostenibilidad del recurso. Llevan décadas produciéndose y están dando lugar a importantes efectos negativos sobre las poblaciones naturales autóctonas, sobre todo en el caso de determinadas especies como es, por ejemplo, la perdiz. Los efectos más perniciosos a los que da lugar son introgresión genética, hibridaciones e introducción de enfermedades. Todo lo cual puede llegar a afectar, si no lo ha hecho ya en gran medida, a la continuidad de las poblaciones autóctonas naturales de algunas de nuestras especies cinegéticas más emblemáticas.

- **Utilización de capturaderos, mangas, corrales, etc. para un manejo ganadero de la caza.**

  La instalación y utilización normal y continua de todo este tipo de medios para el manejo de las poblaciones cinegéticas, ofrece pocas dudas como un claro ejemplo de artificialización. Las poblaciones cinegéticas, reducidas a un control humano tan estricto, pasan a ser ganado.

- **Utilización de cercones para cazar.**

    En vocabulario cinegético, cercón significa un espacio cerrado (cercado), sin posibilidad de huida de él, habitualmente no muy grande aunque si lo suficiente para simular una actividad cinegética normal, y en el que se ha introducido la especie objeto de caza (normalmente, jabalí). Obviamente se trata de una práctica a la cual difícilmente se puede denominar cinegética, total y absolutamente alejada de cualquiera de los parámetros básicos que definen la caza en sí misma.

- **Inseminación artificial y cualquier otra técnica de control artificial de la reproducción.**

    El manejo humano de la fauna para controlar o dirigir su reproducción, incumple también claramente los parámetros de sostenibilidad en la caza. Además de los argumentos genéticos que se podrían esgrimir, de nuevo tenemos una forma más de manejo de la caza con técnicas ganaderas, incompatible con la independencia de la fauna del manejo humano para que las condiciones naturales del medio jueguen su papel.

En algunos casos, la insostenibilidad o no de la actuación de gestión no es tan evidente y puede estar sujeta a opinión. En estos casos, la insostenibilidad o no de la actuación de gestión puede depender de su nivel de intensidad o de una práctica inadecuada. Si su utilización es tan intensiva o mal llevada a la práctica de manera tal que cause efectos negativos, entonces claramente tenemos insostenibilidad. Si estos parámetros no se cumplen y no hay efectos negativos, desde el planteamiento de la propuesta que en este trabajo se hace, basada en evaluar la insostenibilidad por sus efectos, no habría insostenibilidad. Sin embargo, este tipo de actuaciones puede estar sujeto a opinión: para unos, ya solo la propia existencia de este tipo de actuaciones conlleva una artificialización impropia de una caza natural; para otros, este tipo de actuaciones, llevadas a cabo con todas las garantías, pueden ser aceptadas como adecuadas para una caza sostenible. En estos casos, en los que la insostenibilidad o no de la actuación es opinable, es difícil establecer un único punto de vista, siendo lo más razonable que prevaleciese el consensuado conjuntamente a través de una fórmula elaborada colectivamente por todas las partes interesadas en su implantación (por ejemplo, en el caso de una norma de certificación de caza sostenible).

Los bebederos artificiales, los vallados cinegéticos y el control de predadores, son actuaciones de este tipo en las que no es siempre fácil establecer en qué medida o bajo qué condiciones son sostenibles o no lo son.

Una fórmula de certificación de caza sostenible que determinase unos parámetros ampliamente consensuados para delimitar con suficiente certeza cuándo se trata o no de caza sostenible, sería con toda seguridad una de las mejores maneras de dotarse de una herramienta práctica para este fin.

- **Bebederos artificiales excesivos y/o mal atendidos.**

  Los bebederos artificiales pueden ser un caso típico de actuación de gestión cinegética sujeta a opinión en cuanto a su validez o no como fórmula de gestión dentro de una caza sostenible. Es claro que es insostenible cuando es llevado a la práctica de manera inadecuada: si están mal diseñados y son mal atendidos, son un foco importante de infecciones y problemas. Sin embargo, un diseño y atención adecuada allí en donde no hay otra posibilidad alternativa para facilitar este recurso a la fauna (tanto cinegética como no cinegética) puede ser contemplado como una mejora posible que puede no afectarles negativamente y sí ayudar a su mantenimiento. La premisa de obligado cumplimiento es siempre en este caso el realizar la actuación de manera que no dé lugar a efectos secundarios perniciosos. Desde otro punto de vista, se puede argumentar que las poblaciones adaptadas a esos determinados medios disponen de estrategias propias adecuadas para satisfacer por sí mismos sus necesidades, por lo que, desde esta perspectiva, establecer este tipo de actuaciones sería siempre una actuación ganadera.

  En todo caso, el realizar actuaciones que den lugar a un aumento de la oferta natural de agua (afloramiento de fuentes, limpieza de arroyos, establecimiento de charcas, etc.) son totalmente válidas como fórmulas de actuaciones de gestión de caza sostenible. Son actuaciones sobre el hábitat que mejoran la oferta de recursos para la fauna y, habitualmente, su capacidad de carga. A estas actuaciones las diferencia de los bebederos artificiales el que, una vez realizadas, no necesitan normalmente atención y cuidado continuo. En este sentido, se puede decir que son autosuficientes, se perpetúan de manera natural por sí mismas en el tiempo sin ningún tipo de atención o solamente muy puntual. Y como elemento fundamental diferenciador, se encuentra el que son partes constituyentes naturales del medio en el que se integran completamente, no elementos artificiales ajenos al medio que es necesario mantener permanentemente.

- **Vallados que impidan el paso de la fauna no cinegética.**

 Los vallados cinegéticos perimetrales son un elemento de gestión cinegética cuya utilización es muy polémica. Aunque es un tema muy complejo que ofrece múltiples puntos de vista, se puede intentar resumirlo indicando que para sus detractores supone principalmente una fórmula de artificialización que impide el libre movimiento de las especies, mientras que sus partidarios argumentan que la caza es un recurso económico que necesita ciertos controles por parte de la propiedad para alcanzar un determinado nivel de rentabilidad.

 En este caso, al igual que ocurre con los bebederos artificiales, también está totalmente claro que un diseño e instalación inadecuada que impida el paso de la fauna a la que no está destinado, la convierte en una actuación insostenible de gestión cinegética. Sin embargo, cuando lo anterior no ocurre, también existen argumentos a su favor que es necesario en todo caso contemplar.

 Al igual que el resto de las actuaciones sujetas a polémica, para establecer sobre ello una única postura al respecto, habría que establecer una fórmula consensuada. En estos casos, una norma de certificación de caza sostenible ampliamente consensuada sería probablemente lo más acertado.

- **Control no selectivo de predadores.**

 El control de predadores es una actuación de gestión comúnmente realizada. Al igual que los vallados cinegéticos, también es un tema polémico. En este caso, las opiniones muchas veces están totalmente enfrentadas. Por supuesto, el control con medios masivos y/o no selectivos es totalmente rechazable, pues afectaría indiscriminadamente, incumpliendo el principio de sostenibilidad de no efecto negativo sobre otras especies. Sin embargo, cuando se realiza sobre especies generalistas y oportunistas con poblaciones con altas cargas, sus efectos pueden ser positivos no solo para las especies cinegéticas, sino también para otras especies no cinegéticas que puede ser muy interesante potenciar.

Normalmente, la legislación vigente establece ya criterios bastante consensuados que pueden servir, al menos inicialmente, como guía sobre un adecuado proceder en este sentido. Una correcta ordenación cinegética, en la que se haya evaluado con suficiente profundidad la situación y las medidas a tomar, es también absolutamente necesaria para llevar a cabo una actuación sostenible.

En los casos en los que pueda haber divergencia de opiniones, lo más sensato sería establecer un consenso sobre en qué condiciones y cuándo puede considerarse válida una actuación de gestión cinegética para ser sostenible y cuándo no. Para estos casos, y en general para toda la actividad cinegética que quiera ser sostenible, la manera más adecuada para dejar sentado un proceder que pueda satisfacer tanto a cazadores como a no cazadores, y con ello establecer una fórmula que pudiese ser considerada válida por el conjunto de la sociedad, sería implantar una norma de certificación de caza sostenible que recogiese los parámetros adecuados para dar satisfacción a todas las partes interesadas.

4.6.- ¿Cuándo es sostenible la caza?

Actualmente falta un consenso generalizado sobre lo que es realmente en la práctica la caza sostenible y su gestión. Agravado porque, debido a esta misma indefinición, el término sostenible se utiliza en exceso para referirse a las prácticas cinegéticas más dispares, sean o no realmente sostenibles.

No obstante lo cual, al igual que se puede establecer la insostenibilidad de las actuaciones por sus efectos negativos, *a contrario sensu*, también se puede establecer la sostenibilidad cuando ninguna de las actuaciones que se realicen (de caza y/o de gestión) afecten negativamente a las poblaciones cinegéticas en cuanto recurso natural renovable (especies silvestres dependientes de manera natural de su medio), a las poblaciones no cinegéticas presentes, ni a la conservación del medio natural en su conjunto. Es decir, que no afecte negativamente a ninguno de los tres Principios Fundamentales de Caza Sostenible.

Por tanto, se puede establecer que **es caza sostenible aquella que, tanto en su ejercicio como en su gestión, no desarrolla ningún tipo de actividad o acción que afecte negativamente a las poblaciones de especies cinegéticas naturales, a otras poblaciones no cinegéticas, ni al hábitat en su conjunto.**

Siempre que se cumpla el enunciado anterior, fácilmente verificable mediante el método de comprobación de los efectos de la actividad cinegética y sus actuaciones de gestión, se puede afirmar que se trata de caza sostenible.

Partiendo de la premisa anterior, se podría establecer con cierta facilidad en cada caso si el modelo de caza que se lleva a cabo es sostenible o no. Para las actividades que resulten más discutibles, o que pueda variar su sostenibilidad dependiendo de cómo se lleven a cabo, sería muy interesante poder contar con alguna norma de caza sostenible suficientemente consensuada por todas las partes interesadas que ayudase a solventarlo.

CAPÍTULO 5

INSTRUMENTOS PARA UNA CAZA SOSTENIBLE

5.1.- Instrumentos jurídicos y directrices de caza sostenible

5.2.- Instrumentos de planificación y de gestión

5.3.- Instrumentos de verificación

5.4.- Instrumentos de apoyo y de mercado

5.5.- Necesidad de cambio de paradigma en la caza

Para realizar una caza sostenible se necesitan instrumentos que permitan llevarla a cabo. Estos instrumentos son de diversos tipos en función de su cometido. Unos sirven para establecer qué es la caza sostenible y enmarcar en qué consiste. Otros para planificar cómo desarrollarla. Los hay para comprobar si la caza que se está haciendo es sostenible. Finalmente, están aquellos que sirven como herramientas de apoyo o de mercado como ayuda a su establecimiento.

Una clasificación de estos instrumentos según su funcionalidad, sería la siguiente:

- Instrumentos jurídicos y directrices de caza sostenible
- Instrumentos de planificación y de gestión
- Instrumentos de verificación
- Instrumentos de apoyo y de mercado

5.1.- Instrumentos jurídicos y directrices de caza sostenible

Los instrumentos jurídicos de derecho ambiental, tanto internacionales como nacionales, comprenden todos aquellos que establecen los marcos jurídicos que delimitan los cauces en los cuales se tiene que circunscribir el uso sostenible de la caza. El Convenio sobre Diversidad Biológica, el Tratado de Berna, La Directiva Aves, La Ley de Patrimonio y Biodiversidad, serían ejemplos de este tipo de instrumentos.

Las Directrices de caza sostenible son aquellos instrumentos que sirven para orientar la caza sostenible, sobre todo estableciendo los Principios en los cuales debe estar basada. Aunque no son vinculantes como los instrumentos jurídicos, cumplen una función fundamental: acotar las bases que determinan la caza sostenible. Para ello establecen en qué se basa la caza sostenible y cuáles son sus Principios. Las resoluciones de la Unión Internacional para la Conservación de la Naturaleza, las de Consejo de Europa y la Unión Europea, las Directrices de Caza Sostenible en Europa, la Guía para la Caza Sostenible de las Aves Silvestres y la Carta Europea sobre Caza y Biodiversidad, son magníficos ejemplos de este tipo de instrumentos que consiguen ir delimitando y estableciendo las bases fundamentales que sustentan la caza sostenible.

En los anteriores capítulos ya se ha hecho una mención suficiente a este tipo de instrumentos, por lo que resulta innecesario incidir de nuevo sobre lo mismo. No obstante, sí sería interesante hacer hincapié en la importancia de continuar profundizando en la elaboración cada vez más sofisticada de instrumentos de este tipo. Tanto los instrumentos jurídicos como las directrices de caza sostenible, son fundamentales para avanzar en el camino de la sostenibilidad en la caza. Ambos constituyen el basamento sobre el que construir todo el armazón necesario para conseguir finalmente la generalización de la actividad cinegética sostenible.

5.2.- Instrumentos de planificación y gestión

En cuanto a los instrumentos de planificación, sin entrar en los de orden superior a la unidad de gestión, los más importantes a efectos de planificación concreta del recurso cinegético a nivel de unidad de gestión (normalmente, un coto) son en nuestro país los Planes Técnicos de Caza. El Plan Técnico de Caza de cada coto es su plan de gestión (Covisa, 1998).

La adecuada planificación del recurso a nivel de unidad de gestión es fundamental para establecer un aprovechamiento sostenible de la caza. El Plan Técnico de Caza, en sí mismo, no presupone una caza sostenible. Un plan cinegético puede enfocarse buscando la sostenibilidad o justamente lo contrario. Y en ambos casos, desde el punto de vista puramente técnico, ser perfectamente válidos. Por tanto, lo fundamental para alcanzar la finalidad de la sostenibilidad cinegética es que el Plan Técnico de Caza esté basado en los principios y parámetros de sostenibilidad, buscando siempre conscientemente una caza sostenible. Tiene que ser un Plan Técnico de Caza Sostenible. Para ello, tanto los Proyectos de Ordenación Cinegética como los Planes Técnicos de Caza (en general, cualquier tipo de plan de ordenación), deben basar sus cálculos de aprovechamiento cinegético en los postulados de *Harvesting Theory*, así como –más allá de solo lo anterior- implementar todas sus actuaciones de gestión sin artificializar el recurso cinegético ni desarrollar ningún efecto negativo sobre las especies cinegéticas, otras especies ni sobre sus hábitats.

La ordenación cinegética de cada coto de caza que se aproveche cinegéticamente desde la sostenibilidad global de la caza (especies, hábitats y genes) es fundamental para conseguir finalmente una caza sostenible efectiva sobre el terreno. La titularidad demandante de la ordenación cinegética de su coto y el técnico que la realiza, son la clave de este proceso. Si están concienciados de ello, y quieren hacer una caza sostenible, deben basarse en los principios que la definen y respetar los parámetros que la delimitan.

Para que este proceso funcione adecuadamente, el titular cinegético debe conocer en qué consiste la caza sostenible y cuál es su papel (fundamental, por otro lado) para que todo se desarrolle apropiadamente. Una ordenación correctamente planteada por parte del técnico que la realice, indicando actuaciones de gestión sostenibles, es también fundamental para que se pueda hacer una caza sostenible.

La puesta en práctica de la ordenación es la gestión cinegética. Es imprescindible que la gestión cinegética esté sustentada en el documento de planificación (Proyecto de ordenación, Plan técnico) previamente realizado para ello, para que todas las actuaciones que se realicen sean coherentes entre si y obedezcan a un fin común.

La utilización de la gestión cinegética adaptativa constituye en este momento el ideal de modelo de gestión a emplear para alcanzar con mayor seguridad una caza sostenible. El reconocimiento internacional del modelo de gestión adaptativa está fuera de toda duda, sin embargo, su aplicación práctica a la gestión de la caza en nuestro país es aun totalmente incipiente. Sería muy conveniente ir avanzando en su aplicación.

5.3.- Instrumentos de verificación

Los instrumentos de verificación son los de certificación cinegética, los cuales sirven fundamentalmente para comprobar si la caza que se realiza se atiene a lo establecido en unos determinados estándares o en una norma de certificación cinegética. En sí mismos no son instrumentos para implantar una caza sostenible, sino para comprobar que la caza que se está realizando es sostenible (si la norma o los estándares son de caza sostenible, claro está).

¿Cómo sería una certificación de caza sostenible? El primer aspecto que hay que recalcar es aclarar qué es una certificación cinegética. **Una certificación de caza es un proceso de comprobación para evaluar si un determinado aprovechamiento cinegético cumple con los parámetros establecidos en una norma o estándares de caza**. Por tanto, dejar claramente sentado que una certificación no es un sistema de gestión de la caza, sino un sistema de evaluación, de comprobación para determinar si un aprovechamiento cinegético cumple, y en qué medida lo hace, con unos determinados parámetros de caza instituidos en una norma o estándares de caza (Covisa, 2008). Una norma de certificación no establece directamente cómo hacer, sino que evalúa en qué medida lo hecho coincide con lo señalado en la norma (la Guía COPANT/ISO/IEC 2-1998, define Certificación como: *procedimiento por el cual una tercera parte independiente asegura por escrito que un producto, proceso o servicio está en conformidad con los requisitos especificados*) (COPANT, 1998)

Lo fundamental en una norma de certificación cinegética son los parámetros que deben cumplirse. Para lo cual, si la norma de certificación que quiere instaurarse es de caza sostenible, los parámetros a cumplir serán de caza sostenible. Si se quiere certificar la sostenibilidad de la caza, el aprovechamiento cinegético y su gestión debe ser de caza sostenible.

Para concretar los Principios, Criterios e Indicadores de una norma de certificación de caza sostenible, lo primero que es absolutamente necesario saber es qué es la caza sostenible, en qué consiste la caza sostenible. Si no se tiene previamente definido claramente qué es la caza sostenible y en qué consiste, difícilmente se puede construir una norma consecuente de certificación cinegética sostenible.

El proceso lógico, independientemente de sus aspectos formales, para crear una norma de certificación de caza sostenible sería:

1. Definir con suficiente certeza qué es la caza sostenible, en qué consiste y cómo se implementa.

2. Establecer con total claridad que el modelo de caza que se quiere evaluar es de caza sostenible global en todos sus aspectos (especies, hábitat y genes), sin artificialización del recurso cinegético.

3. Una vez realizado lo anterior, se debe concretar qué parámetros la definen y evalúan con más precisión de la manera más sencilla y económica posible (los Principios, Criterios e Indicadores)

4. Finalmente, sobre el anterior armazón lógico que la sustenta, es cuando hay que precisar todos los aspectos formales para crearla y llevarla a la práctica.

Independiente de lo anterior, es también importante dejar sentado algunos aspectos generales de las normas de certificación que muchas veces se ignoran, dando lugar a dudas que es necesario despejar.

El primero de ellos es que los modelos de certificación se basan siempre en el principio de voluntariedad. Las normas de certificación son siempre voluntarias, nunca de obligado cumplimiento. No se deben confundir los sistemas de normalización con la reglamentación y la homologación. La reglamentación y la homologación consisten en la elaboración y aplicación de reglamentos técnicos y disposiciones administrativas de carácter obligatorio. En estos casos, son emitidas por las administraciones públicas y son de obligado cumplimiento (la norma ISO-EN 45020 define **Reglamento** como *"Documento que proporciona reglas de carácter obligatorio y que ha sido adoptado por una autoridad"*) (AENOR, 2007). La condición de voluntariedad es fundamental y necesaria en los sistemas de normalización.

El segundo aspecto que también es importante señalar es que la certificación puede ser de primera, segunda o tercera parte. Lo cual significa que la sujeción a la norma no solo puede ser verificada por una tercera parte independiente, sino también por el propio productor (de primera parte) o por otra parte interesada, por ejemplo, por un usuario o cliente, por otra organización... (de segunda parte). En ambos casos, la norma sirve también para que cada una de las anteriores partes interesadas pueda comprobar por sí misma la conformidad a lo establecido en la norma. Sin embargo, la certificación solo alcanza su más alto valor cuando está realizada por una tercera parte independiente debidamente acreditada para ello (certificación de tercera parte). Solo entonces puede acreditarse frente a terceros que la caza realizada en un lugar cumple con lo establecido en una determinada norma (por ejemplo, que es sostenible, si la norma es específicamente de certificación cinegética sostenible). Lo cual, a su vez, le da derecho a acogerse y poder usar un certificado y una marca, siempre que se haya establecido para ello, que garantiza el cumplimiento de la norma.

5.4.- Instrumentos de apoyo y de mercado

Dentro de este grupo se pueden incluir todo aquel tipo de fórmulas que permitan de alguna manera un apoyo o promoción de la caza sostenible. Su número no es cerrado, puesto que a las ya existentes, en cualquier momento se pueden incorporar nuevas fórmulas innovadoras encaminadas al mismo fin.

Entre los instrumentos de este tipo, se pueden citar los siguientes:

- Custodia del territorio,
- Pago por servicios ambientales,
- Contrato territorial,
- Beneficios fiscales,
- Marca de caza sostenible…

Custodia del Territorio.

La custodia del territorio es una herramienta de ayuda a la gestión de territorios con la finalidad de conservar la diversidad biológica. Se materializa a través de un acuerdo libremente pactado entre una entidad de custodia, que debe ser una entidad sin ánimo de lucro, y la propiedad de terreno, que puede ser pública o privada. Las posibilidades de lo pactado pueden ser múltiples, pero siempre encaminadas a la conservación.

Pago por Servicios Ambientales.

Los servicios ambientales, también denominados servicios ecosistémicos, son los beneficios indirectos que la sociedad obtiene de los ecosistemas, normalmente no cuantificados económicamente. La idea que subyace en el pago por servicios ambientales es que los beneficiarios de estos servicios paguen a los gestores de los sistemas ambientales que generan estos beneficios, asegurando así su mantenimiento e incentivando su mejora.

El esquema típico del pago por servicios ambientales se basa en los siguientes criterios (Wunder, 2005): un servicio ambiental (o uso de la tierra que promueva ese servicio), es voluntariamente comprado por sus beneficiarios al proveedor de ese servicio, siempre que el proveedor asegure su suministro continuo. Para todo lo cual debe haber un previo acuerdo voluntariamente negociado entre las partes en el cual se fijen las condiciones a cumplir.

Claramente la sostenibilidad en el aprovechamiento y gestión de la caza ofrece importantes servicios ambientales a la sociedad. El uso adecuado de los ecosistemas a través de una gestión cinegética sostenible, beneficia patentemente a la sociedad. Sus proveedores, los propietarios y gestores de caza sostenible, a través de acuerdos voluntariamente establecidos con los beneficiarios, pueden ser recompensados por ello, comprometiéndose a mantenerlos. El mantenimiento, y mejora, de hábitats bien conservados, con usos extensivos tradicionales, detraídos de otros usos ecológicamente más impactantes, es la principal baza de la caza sostenible en este sentido.

Contrato Territorial.

En cuanto al contrato territorial, el **Real Decreto 1336/2011, de 3 de octubre, por el que se regula el contrato territorial como instrumento para promover el desarrollo sostenible del medio rural** (BOE, 2011), lo define como: "*un instrumento formal que establece el conjunto de compromisos suscritos entre una Administración Pública y el titular de una explotación agraria para orientar e incentivar su actividad en beneficio de un desarrollo sostenible del medio rural*". Su finalidad, como se establece en el artículo 3, es: "*orientar la actividad de las explotaciones agrarias a la generación de externalidades positivas que contribuyan al desarrollo sostenible del medio rural*".

Aunque se habla de explotaciones agrarias, se hace en un sentido amplio, ya que entre los posibles beneficiarios se menciona expresamente en el art. 5.1.c) a los titulares de terrenos cinegéticos, explicando en la exposición de motivos: "*dada la importancia del aprovechamiento cinegético en el medio rural español, se ha considerado necesario mencionar expresamente a los titulares de terrenos cinegéticos como caso particular de posible beneficiario de los contratos territoriales*".

Los contratos territoriales son acuerdos de carácter voluntario y los beneficios para el titular: "*podrán ser de naturaleza económica, o bien a criterio de la Administración suscriptora podrán otorgarse en especie mediante la realización por dicha Administración en beneficio de la explotación de inversiones materiales o inmateriales, entrega de bienes, o prestación de servicios o asistencia técnica. Asimismo, a criterio de la Administración competente, podrán emplearse con el mismo fin exenciones y bonificaciones fiscales, o cualquier otro tipo de beneficio o prioridad que esté legalmente establecido al efecto*" (art. 6.8)

Beneficios Fiscales.

Los beneficios fiscales como instrumento de apoyo a la caza sostenible es siempre una herramienta al alcance de las administraciones públicas para incentivar la sostenibilidad en la caza. Sobre todo orientada al fomento de prácticas de gestión cinegética que promuevan paralelamente beneficios constatables a la conservación genérica de hábitats y especies, primando sobre todo las encaminadas a la conservación de especies catalogadas.

Los beneficios fiscales como instrumento de apoyo a la caza sostenible ofrecen unas posibilidades muy amplias, abiertos siempre a buscar cauces creativos a partir de los cuales poder adecuadamente implementarse.

Marca de caza sostenible.

A través de la certificación cinegética sostenible, la obtención de un certificado de tercera parte, reconocido como **marca de caza sostenible** en el mercado, sería un importante instrumento para identificar un producto diferenciado (caza sostenible) frente a la demanda que buscase este producto concreto como cliente.

En conjunto, todo este tipo de instrumentos de apoyo a la caza sostenible trata de todas las posibles herramientas, tanto ya existentes o que se puedan crear en el futuro, para incentivar y apoyar la utilización de la caza sostenible. Su papel puede ser fundamental como estímulo para potenciar la sostenibilidad en la caza.

INSTRUMENTOS PARA UNA CAZA SOSTENIBLE

TIPOS DE INSTRUMENTOS	FUNCIÓN	INSTRUMENTOS
Jurídicos	Tratados que delimitan los cauces legales para un uso sostenible	CDB, Tratado de Berna, Directriz Aves, Directriz Hábitat, etc.
Directrices	Orientación a la caza sostenible, estableciendo Principios	Directrices de Caza Sostenible en Europa, Guía para la Caza Sostenible de Aves, Carta Europea sobre Caza Sostenible, etc.
Planificación y Gestión	Ordenación y Gestión Cinegética Sostenible (a nivel de unidad de gestión)	Proyectos de Ordenación Cinegética, Planes Técnicos de Caza, Gestión Cinegética Adaptativa
Verificación	Comprobación de conformidad a lo establecido en una Norma o Estándares de Certificación	Certificación Cinegética Sostenible
Apoyo y Mercado	Promoción de la caza sostenible	Custodia del Territorio, Pago por Servicios Ambientales, Contratos Territoriales, Beneficios Fiscales, Marca de Caza Sostenible

Tabla 11: Instrumentos para una Caza Sostenible

5.5.- Necesidad de cambio de paradigma en la caza

Se puede afirmar con total seguridad que hay muchos cazadores, desencantados con el modelo de caza artificial e insostenible, que rechazan de plano este tipo de caza. También la sociedad en su conjunto rechaza los modelos de caza que se alejan de un uso de la caza respetuoso con el medio ambiente y están apartados de los parámetros de sensibilidad y correcto proceder adecuados a nuestro tiempo.

Sin embargo, muchos de estos cazadores que rechazan la caza insostenible, desconocen en general las herramientas, tanto teóricas como instrumentales, que les puede permitir trascender esta situación de desencanto y llegar a alcanzar un modelo de caza en el que encontrarse de manera más satisfactoria.

También la sociedad en general vería con nuevos ojos el hecho cinegético, siendo mucho más comprensiva y receptiva hacia una actividad que cumple con los parámetros de uso sostenible y conservación asumidos globalmente por todas las instituciones y organizaciones ambientales del mundo.

Aunque ya existen suficientes instrumentos que permiten trascender el modelo de caza artificial hacia un modelo de caza natural y sostenible, es necesario estructurar adecuadamente todas estas fórmulas existentes para conseguir una orientación más eficiente del proceso. A la vez, también es importante ir ampliando y mejorando con nuevas aportaciones el conjunto, para así ir perfeccionando las herramientas que permitan consolidarlo.

Apoyándose en los instrumentos existentes, y creando otros nuevos que los mejoren, se puede ir avanzando en el proceso hacia una caza sostenible generalizada. Sin embargo, es también necesario dotarse de otras estrategias que lo posibiliten.

CAPÍTULO 6

CAZA SOSTENIBLE: SOSTENIBILIDAD, CONSERVACIÓN, ÉTICA Y TRANSPARENCIA

6.1.- Caza Utilitaria y Caza Recreativa

Como estableció el filósofo español José Ortega y Gasset, la caza, desde el punto de vista de la finalidad o motivación básica para su ejercicio, puede ser englobada en dos grandes tipos: **caza utilitaria** y **caza recreativa** (Ortega, 1943). Caza utilitaria para obtener la pieza de caza en tanto que alimento, para consumir la carne, sea para autoconsumo o sea para ser vendida o cambiada por otro bien. Caza recreativa por la satisfacción de su ejercicio.

Como ya dijo Ortega, ambas son igualmente caza. A su vez, la diferencia entre lo que es caza y no lo es, no está entre ellas, sino en otros aspectos. Ambas son igualmente, y en igual grado, caza (Ortega, 1943; Marvin, 2010)

La caza utilitaria abarca desde la realizada por sociedades actuales cazadoras-recolectoras (la caza es todo para ellas, es su economía y el sustrato total de su cultura) hasta la del hombre rural (incluido el de las sociedades más avanzadas) que obtiene un complemento a su dieta o a su economía por la venta o intercambio de la pieza obtenida. Todo ello, e igualmente, es caza utilitaria. Si bien, hay una gran diferencia en el grado de *totalidad* de la caza para el hombre que la ejerce de una u otra forma (Harris, 2014).

La caza recreativa, por el contrario, no se hace, básicamente, por obtener la pieza en cuanto alimento, o como economía por su valor de venta o cambio, sino por satisfacción, porque se disfruta con ello (Ortega, 1943; Leader-Williams, 2009; Marvin, 2013). Aunque, después, también el cazador recreativo, muy a su gusto, consuma la pieza de caza. Pero el consumir o no la pieza, el obtenerla en cuanto alimento, no ha sido su motivación para cazarla. Aunque su motivación secundaria puede ser muy diferente de un caso a otro: por obtener un trofeo, por relacionarse con la naturaleza, por compartir un tiempo de ocio con otros…, la motivación principal, la motivación que le lleva a cazar, es realizar una actividad que le reporta satisfacción. Todos los animales cazadores superiores obtienen satisfacción en cazar. En el hombre, miles de generaciones cazando han determinado una genética como cazador que le hace compartir también esta característica (Ardrey, 1998)

Así, en resumen, la caza utilitaria es aquella que se realiza para obtener piezas de caza como alimento, sea para autoconsumo o como recurso económico para intercambio o venta. Mientras que la caza recreativa es la se realiza por disfrute, por satisfacción, no para obtener alimento con ella. Su fin último no es obtener alimento con ella. En la caza recreativa, se quiere conseguir la pieza de caza, pero la pieza no se caza *por alimentarse* (aunque, después, también puede ser utilizada *para alimentarse*). Se caza por disfrute, por la pura satisfacción de cazar. El cazador recreativo caza libremente, porque quiere cazar. Y caza por la satisfacción personal que obtiene con esa actividad.

No obstante todo lo anterior, y aunque a efectos de una clasificación de la caza en función de su motivación o finalidad básica o principal, pueda servir perfectamente la división anterior (hecha ya por Ortega y Gasset en 1943, aunque lo que hoy llamamos caza recreativa, él lo llamó entonces caza deportiva), hemos de tener también en cuenta que, para el propio cazador que realiza la acción de cazar, las dos tipologías de caza pueden perfectamente converger en un mismo cazador y acción de caza. La caza utilitaria puede perfectamente, a la vez, ser caza recreativa para el cazador que la realiza, en tanto que le reporta también satisfacción su ejercicio (Ardrey, 1998). Mientras que, también, al cazador recreativo le puede mover como algo irrenunciable el propio consumo de lo obtenido con su actividad cinegética.

Sin embargo, aunque ambos tipos de caza lo sean igualmente, hoy en día, para las sociedades actuales más desarrolladas, y solo desde hace apenas unas décadas, la comprensión y tolerancia para con un tipo u otro de caza es muy diferente. Normalmente, las sociedades económicamente más desarrolladas, mayoritariamente urbanas, alejadas de la experiencia y necesidad personal de tratar con seres vivos para convertirlos en alimento, rechazan, en general, la caza. A lo que se une una cada vez mayor conciencia colectiva ante el sufrimiento de los animales y de generalizado aprecio por la conservación de la naturaleza.

Acostumbrados a que la comida que llega a nuestra mesa haya sido producida y elaborada en lugares lejanos a nuestras casas, desconocemos, obviamos, todos los pasos fundamentales que han sido necesarios para ello. Todos los pasos necesarios en la cadena alimentaria. En el caso de la carne, desde la producción, el ineludible sacrificio y la preparación última para su consumo. No obstante lo cual, la sociedad en su conjunto sí entiende la necesidad de ello para nuestro mantenimiento. Comprende la necesidad de su producción. Igualmente, también se muestra tolerante con la caza para alimento (Gunn, 2001; Bauer y Giles, 2002; Fischer *et al.*, 2013), aunque a la vez muestra escepticismo ante su necesidad en las sociedades avanzadas en las que existe siempre disponible la alternativa de la carne procedente del ganado.

La sociedad en su conjunto no rechaza la caza *per se,* la rechaza cuando entiende que no es necesaria. Basándose en su necesidad, se muestra favorable, o al menos tolerante, ante la caza realizada para alimentarse. Sin embargo, no comparte la necesidad de la caza no utilitaria.

La caza recreativa es rechazada en las sociedades económicamente más desarrolladas (Singer, 1995; Regan, 2001). Algunas de las causas para ello, las que derivan de la situación de la evolución de la propia sociedad, ya han sido esbozadas. Existen también causas que derivan de la propia caza, de su forma de proceder.

Ciertamente, muchos de los usos y resultados del modelo de caza insostenible, intensivo y artificializado, difícilmente pueden ser aceptados (Carranza, 2004; Judex, 2009; Putman *et al.,* 2011; Dobson *et al.,* 2012). La actividad cinegética se convierte en el blanco de múltiples críticas, muchas veces airadas. Y no solo desde los sectores anticaza o de la sociedad en general a través de los medios de comunicación o a través de Internet en foros y redes sociales, también dentro del propio sector cinegético se levantan constantemente voces de rechazo por estas formas inadecuadas de proceder en la caza. Los usos y resultados de la caza recreativa llevada a cabo según el modelo insostenible, intensivo y artificial, deben ser superados (Dickson *et al.,* 2009; Putman *et al.,* 2011; Paulson, 2012)

Entonces, dado que conocemos las causas, ¿cómo se puede intervenir para modificar el propio modelo de caza y hacerlo más adecuado, a la vez que más comprensible para nuestra sociedad?, ¿qué hay que hacer para que la caza recreativa sea igualmente aceptada como lo es la caza utilitaria?

6.2.- Sostenibilidad y Conservación.

Para que la caza recreativa constituya un modelo de caza adecuado y sea igualmente aceptada por la sociedad como la caza utilitaria, debe responder a los parámetros de nuestro tiempo. La caza debe coincidir con los valores de nuestra época, no puede ser ajena a ellos.

Se puede concretar que actualmente, para el uso de los recursos naturales renovables vivos, estos parámetros son:

1. Sostenibilidad
2. Conservación

1.- Sostenibilidad.

Cualquier uso de la caza como recurso natural renovable debe ser sostenible:

a. Sin sobreexplotación. En todos los casos, siempre que haya un uso consuntivo de la fauna a través de la caza, debe haber sostenibilidad de las propias especies cinegéticas en el tiempo, manteniéndolas como poblaciones naturales silvestres adaptadas a su medio.

b. Sin artificialización. Además de lo anterior, en caso de actuaciones de gestión cinegética sobre las poblaciones o sus hábitats, siguiendo la propuesta globalmente aceptada sobre biodiversidad de la Unión Internacional para la Conservación de la Naturaleza (UICN), debe haber también sostenibilidad conjunta de especies, hábitat y genes. Lo cual implica en el caso de la caza, la no artificialización del recurso cinegético siguiendo los parámetros ya apuntados en los anteriores capítulos.

En conjunto, que las actuaciones de caza y de gestión existentes no afecten negativamente a las especies cinegéticas, a otras especies, ni a su hábitat. O lo que es lo mismo, que cumplan con los tres Principios Fundamentales de Caza Sostenible.

2.- Conservación.

La caza, en cuanto recurso natural renovable utilizado de manera sostenible, ayudará a la conservación al menos de las siguientes maneras:

a. La caza en sí misma ayuda a la conservación al utilizarse el modelo de caza sostenible. La propia actividad cinegética, y en su caso la gestión, proporciona la conservación de las especies cinegéticas aprovechadas, permitiendo su perpetuación en el tiempo y su uso sostenible. A la vez, permite la conservación en mejores condiciones de los hábitats en su conjunto.

b. A través de la implicación activa de los propietarios de terrenos cinegéticos en la conservación, así como en general de todos sus usuarios. Una forma adecuada de afrontar la conservación de estos espacios es no solo el respetar los usos tradicionales e integrarlos en la conservación, sino también, y esto es muy importante, en proporcionar un papel activo principal a sus artífices, a los propietarios y usuarios tradicionales de estos espacios. Reconociendo su papel fundamental de conservadores e incentivándolos a continuarlo a través de todo tipo de instrumentos adecuados para ello, entre los que se encuentran de manera principal aquellos que proporcionen beneficios económicos. Orientándoles de manera emocionalmente inteligente a una mejor forma de manejo si el realizado no es todo lo óptimo que debiera.

c. La implicación de las administraciones públicas en el fomento de la caza sostenible como herramienta de conservación es fundamental para avanzar en su desarrollo. El tomar conciencia por parte de la administración de este importante papel de la caza sostenible, ayudará enormemente en el avance en este proceso, puesto que sin duda se irán articulando fórmulas que permitan el progreso del papel de la caza en la conservación.

d. El colectivo cazador en su conjunto, concienciado como colectivo conservacionista, debe estar cada vez más implicado en una conservación global activa más allá incluso de lo puramente cinegético. Por un lado, a través de acciones directas de gestión sobre el terreno que, a la par que a las especies cinegéticas, ayuden a otras especies, especialmente en el caso de especies catalogadas. Por otro, a través de la contribución financiera como colectivo a la conservación. Lo cual debe ser una práctica común en el mundo de la caza como fórmula básica de demostración de un talante apropiado a los retos de nuestro tiempo. Con ello, además de sufragar con su aportación la conservación de especies y espacios, mucha de esta contribución podrá repercutir en investigación de mejores modelos y fórmulas de uso sostenible de las propias especies cinegéticas y de sus hábitats.

6.3.- Ética y Caza Sostenible

Igualmente, para que constituya un modelo de caza adecuado y se ajuste a los parámetros de nuestro tiempo, la caza debe actuar de manera ética. Ética y caza sostenible están ineludiblemente unidas. No es posible una caza sostenible sin una adecuada ética en su ejercicio y en su gestión.

Ética y caza es un tema complejo que admite múltiples formas de acercamiento. De esta manera, la relación de la ética con la caza tiene, al menos, dos posibles enfoques generales: la ética *sobre la caza* y la ética *en la caza*.

La *ética sobre la caza* comprende, a grandes rasgos, el debate sobre la legitimidad de la caza. Fundamentalmente se centra sobre si la caza tiene derecho a ejercerse o no, y en qué circunstancias y formas puede llevarse a cabo. Para el propósito de este estudio, este debate está fuera del objeto de este trabajo, ya que, como es obvio, en él partimos del principio del legítimo derecho a cazar.

La *ética en la caza* se centra en el debate sobre "qué es y cómo se debe adecuadamente cazar". En este caso, aceptado el derecho a cazar, se trata de discernir qué caracteriza a la caza apropiadamente ejercida.

Sin entrar a profundizar en esta cuestión, sí es necesario mostrar al menos qué caracteriza desde el punto de vista de la *ética en la caza* a la propia caza como conjunto global, tanto en el ejercicio cinegético, como en las actividades o gestión en torno a las especies silvestres y sus hábitats.

En este sentido, la ética en la caza se sustenta en al menos tres principios básicos fundamentales:

- Respeto a la esencia de la caza, a lo que es puramente caza. A la *mismidad de la caza* como la llamó Ortega.
- Persecución justa *(fair chase)*.
- Conservación de especies y hábitats

De los principios éticos de la caza, unos afectan a la propia caza en sí misma (mismidad), otros a la acción de cazar (persecución justa) y otros al ambiente (conservación de especies y hábitats).

La *mismidad* de la caza.

El filósofo José Ortega y Gasset llamó a la esencia de la caza, a lo que es puramente caza, la *mismidad* de la caza. Lo que la caza es en *sí misma*.

Cuando se cumplen las condiciones necesarias para que la actividad realizada sea puramente caza, hay caza. En otro caso, no es puramente caza, sino otra cosa. *Que no se confunda con la caza misma, lo que meramente tiene que ver con ella* (Ortega, 1943)

Persecución justa.

La persecución justa, o *fair chase* como internacionalmente se conoce, es absolutamente inherente a la ética en la caza. El principio de persecución justa implica diversos elementos totalmente inseparables de una caza adecuada: una especie animal natural libre componente del ecosistema (fauna), una técnica e instrumentos de captura proporcionados y, finalmente, y en definitiva, la posibilidad cierta de que el animal perseguido pueda eludir su captura. Independiente de que consiga o no la pieza, de que haya o no captura, hay caza. En palabras de Ortega: *No es esencial a la caza que sea lograda.* Y más adelante: *No se caza para matar, sino, al revés, se mata por haber cazado. Si al deportista*[17] *le regalan la muerte del animal, renuncia a ella* (Ortega, 1943).

Conservación de especies y hábitats.

El uso sostenible de especies y hábitats a lo largo del tiempo a través de la caza, implica su adecuada conservación indefinida. La conservación de especies y hábitats en el tiempo, cuando son aprovechadas por el hombre, implica su uso sostenible. Conservación y sostenibilidad ineludiblemente juntas conforman la base de una caza adecuada. Sobre esa base, su ejercicio, para ser pleno y plenamente caza, debe ser ético. La caza ética.

Sin estos principios, no hay *puramente* adecuada caza. Sin un comportamiento ético en la caza no es posible una caza puramente sostenible. La sostenibilidad en la caza exige la ética en la caza. Sin la ética en la caza, fácilmente se podría argumentar a favor de muchas formas de actividad de caza artificial, que, ejercidas sobre especies desligadas de las condiciones del medio y del resto de especies, se podrían justificar como sostenibles. Estas actividades, aparentemente cinegéticas, serán otra cosa,

---

[17] Ortega se refiere aquí claramente al cazador recreativo (que él llamó deportivo), por tanto, concretamente a la caza recreativa.

192

pero nunca caza. En el mejor de los casos, posiblemente tiro[18] u otra forma de captura. En el peor de los casos, llegar a absolutas antiéticas formas de matanza en casos extremos de *canned huntig*.

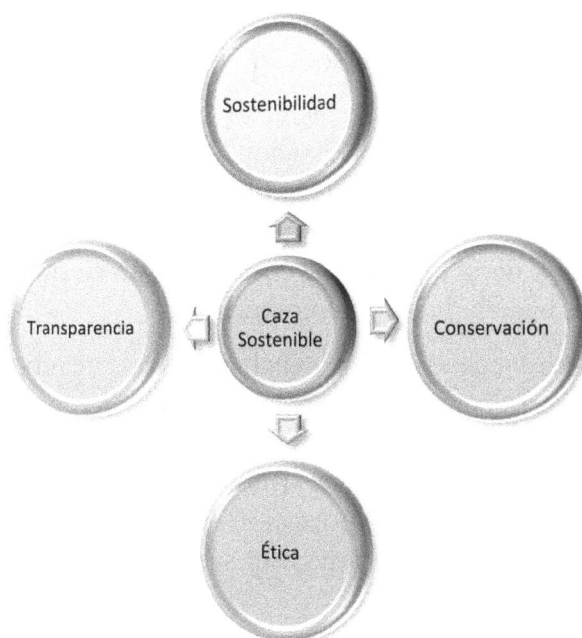

Figura 7: Parámetros que debe cumplir la caza sostenible

6.4.- Aceptación social de la caza

Para que la caza pueda pervivir en cuanto recurso natural renovable, tiene que ser sostenible. Esto es evidente y sin ello la caza no puede perdurar en el tiempo. La sostenibilidad del recurso es imprescindible. Sin embargo, más allá del propio colectivo de cazadores y de otras partes interesadas en la caza, para que la existencia de la caza sea entendida también por la sociedad en general, debe haber algo más. La sola sostenibilidad de la caza, si bien es total y absolutamente imprescindible,

---

[18] En el sentido en que es tiro, por ejemplo, el tiro al pichón. Nadie confunde la actividad de tiro al pichón con cazar. Por esto mismo, el realizar una actividad de tiro (por ejemplo el *shooting* sobre especies criadas en cautividad), aparentemente cinegética, ejercida al aire libre y sobre especies que en estado natural sí son cinegéticas, no la convierte automáticamente en caza. Con Ortega: *Queda así contraída la venación a sus ingredientes menos suculentos: la excursión de alpinismo y el tiro al blanco* (Ortega, 1943).

no es suficiente desde el punto de vista de su imagen para llegar a hacerla comprensible a la sociedad. Para el público en general, ajeno a sutilezas ecológicas y desconocedor de los mecanismos complejos de la conservación, le puede ser difícil comprender que el resultado de la actividad cinegética, la muerte de animales, sea a la vez un instrumento de conservación (Duffy, 2000; Peterson, 2004; Hames, 2007; Cohen, 2014)

Para que la sociedad perciba el valor de la caza, tiene que ser una herramienta útil y cierta de conservación y tiene que ejercerse de manera ética. Esto sí puede llegar a la sociedad y este puede ser el mayor valor de la caza para la sociedad en nuestro tiempo, si se desarrolla adecuadamente. Pero no basta con decir que la caza conserva y se ejerce de manera ética, hay que hacerlo, hacerlo bien, y demostrarlo.

Sin duda alguna, cuando el aprovechamiento cinegético es sostenible, contribuye a la conservación de la vida silvestre y los ecosistemas (Lucio, 2002; Lindsey *et al.*, 2006; Loveridge *et al.*, 2007; Dickson *et al.*, 2009, Jenking, 2009; Treves, 2009; Gálvez-Bravo y Cassinello, 2013). Por tanto, esto en sí mismo ya es la aportación fundamental de la caza a la conservación. Sin embargo, aunque esta sea la condición necesaria, no es en sí misma suficiente.

Para que la sociedad perciba el valor de la caza, además de hacer un uso sostenible, conservar, y ejercerse de manera ética, debe también mostrárselo a la sociedad (Covisa, 2010). Para mostrárselo a la sociedad es necesario información y transparencia. Para que pueda tener una opinión adecuada de la caza sostenible, la sociedad necesita conocer en qué consiste y cuál es su resultado para el medioambiente. Sin este requisito, dada la mala imagen generaliza de la caza, es imposible que se pueda ir avanzando en un cambio en este sentido. Para lo cual, debe ser la propia caza la que ponga toda su voluntad en mostrar la caza sostenible a la sociedad. Si la caza no lo muestra activamente a la sociedad, la sociedad continuará instalada en su negativa visión actual de la caza.

La sociedad en su conjunto debe conocer directamente el modelo de caza sostenible. El resultado de su gestión, el mantenimiento de especies y hábitats, debe ser mostrado al público interesado.

Múltiples pueden ser las fórmulas que se exploren para ello. Siempre apoyadas en una información veraz y en una adecuada transparencia.

Una de ellas es el conocimiento directo de los espacios cinegéticos y de la gestión en ellos desarrollada. Los espacios cinegéticos deberían poder estar también abiertos también al conocimiento y disfrute de cualquier persona interesada. Con los límites precisos que aconseja su buen gobierno, cualquier interesado podría acceder a disfrutarlos, conociendo de primera mano qué gestión se hace en ellos para mantenerlos y mejorarlos adecuadamente.

El conocimiento directo de estos espacios, apoyado en fórmulas ya existentes como el turismo rural, el turismo de naturaleza, el conocimiento del paisaje, el conocimiento de los usos tradicionales, la observación de aves, la observación de especies cinegéticas, de especies emblemáticas, la recolección de setas y otras especies vegetales..., entre otras posibilidades también viables[19], pueden ser adecuadas formas de acercarse a estos espacios y disfrutarlos. A la vez que colaboran al desarrollo rural y ser fuente de ingresos para sus propietarios.

Obviamente, para que estas actividades sean útiles al conocimiento de la caza sostenible, deben estar vinculadas a ella de la mejor manera posible para poder alcanzar su fin adecuadamente y es recomendable se lleven a cabo en territorios en los que sus resultados sean más fácilmente perceptibles. La Red Natura 2000 constituye una magnífica oportunidad en este sentido.

También otras fórmulas de información a la sociedad deben ser exploradas. Desde las más clásicas como campañas de publicidad, hasta otras más innovadoras que se puedan ir generando.

Todo ello siempre ajustado a la veracidad y transparencia necesaria para mostrar la caza sostenible apropiadamente.

La información constante a la sociedad, al público en general, sobre qué es la caza sostenible y cuáles son sus resultados sobre especies y hábitats, es fundamental. Este es el pilar básico sobre el que se sustenta la transmisión de una adecuada imagen de la caza a la sociedad.

Cuando cumpla con estos parámetros (Sostenibilidad, Conservación, Ética y Transparencia), la caza como actividad encontrará su adecuado papel en nuestro tiempo (Dickson *et al.*, 2009; Paulson, 2012, Cohen, 2014) y será socialmente aceptada. La caza así ejercida y así gestionada cumplirá con las expectativas de los propios cazadores y también de la

---

[19] La venta de productos de caza, de otros productos de la propia finca, de gastronomía de caza, etc., pueden ser también perfectamente válidas como fórmulas a emplear.

sociedad en su conjunto. Cazadores y sociedad podrán ir convergiendo hacia un mejor entendimiento. Todos, caza y sociedad, ganarán:

- La propia caza como actividad, que será realizada sobre especies silvestres y naturales, será útil a la conservación de la biodiversidad y perdurará en el tiempo.

- Los cazadores, que tendrán una caza natural, silvestre, y ayudarán a la conservación de la biodiversidad con su actividad.

- La sociedad en su conjunto, que obtendrá una herramienta útil a la conservación de la biodiversidad y un colectivo activista (los cazadores) de la conservación.

ACEPTACIÓN SOCIAL DE LA CAZA	
PARÁMETROS ACTUALES PARA EL USO DE LOS RECURSOS NATURALES RENOVABLES VIVOS	**ACTUACIONES DE LA CAZA QUE RESPETEN LOS PARÁMETROS ACTUALES EN EL USO DE LOS RECURSOS NATURALES VIVOS**
Sostenibilidad	• Siempre, en todos los casos, sostenibilidad sin sobreexplotación de las especies cinegéticas en el tiempo. • En caso de manejo a través de gestión cinegética, sostenibilidad conjunta de especies, hábitats y genes, sin artificializar el recurso cinegético. • Cumplimiento con los Tres Principios Fundamentales de Caza Sostenible.
Conservación	• Conservación de especies y de sus hábitats. • Implicación activa en la conservación de propietarios y usuarios. • Implicación activa de la administración en el fomento de la caza sostenible como instrumento de conservación • Activismo conservacionista del colectivo cazador.
Ética	• *Mismidad* de la caza • Persecución justa • Conservación de especies y hábitats
Información y Transparencia	• Información a la sociedad • Conocimiento directo de la caza sostenible • Transparencia

Tabla 12: Qué hacer para que la caza sea socialmente aceptada

6.5.- Proceso para alcanzar una caza sostenible

Evidentemente, el proceso hasta llegar a alcanzar una caza sostenible globalmente generalizada es largo y, con seguridad, lleno de dificultades. Y, por supuesto, no está asegurado el éxito. Sin embargo, la meta bien merece el esfuerzo de intentarlo.

¿Cómo hay que hacerlo?, ¿cómo se puede comenzar a desarrollar este proceso? Inicialmente, se proponen fundamentalmente al menos cuatro maneras de actuación en paralelo:

1. **Información y formación**. Concienciar y formar en caza sostenible. Dando a conocer el modelo de caza sostenible, tanto al propio sector cinegético como a la sociedad en general.

2. **Instrumentos de caza sostenible**. Apoyando la caza sostenible con todo el conjunto posible de instrumentos adecuados para ello.

3. **Oferta y demanda de caza sostenible.** Creando y fomentando oferta y demanda de caza sostenible. Garantizar ante los cazadores en cuanto usuarios, por parte de quien quiera ofertar caza sostenible, que realmente lo es.

4. **Modelo de caza conservacionista**. Formalizar la actividad cinegética y la relación con la biodiversidad en el modelo de caza conservacionista, actuando activamente en la conservación. Caza conservacionista, cazador conservacionista.

1.- Información y formación. Dar a conocer la caza sostenible es fundamental. Aclarar en qué consiste y cómo se puede implantar es básico para comenzar en ello. Sin este primer paso, nada puede ser posible. De hecho, apoyándose en la falta de conocimiento de su definición, en la falta de conocimiento de los parámetros absolutamente claros que la delimitan, cualquier uso cinegético se puede arrogar para sí mismo el calificativo de sostenible, aunque sea justamente todo lo contrario. Lo cual sucede constantemente hoy, para mal de la caza en su conjunto.

2.- Instrumentos de caza sostenible. Apoyar la caza sostenible a través de todo el conjunto de instrumentos existentes para ello, es la mejor manera de avanzar en la consolidación del modelo de caza que en este trabajo se propone. Como ya se ha visto anteriormente, hay ya disponibles instrumentos suficientes para poder avanzar con cierta seguridad en el camino de la sostenibilidad en la caza. Sin duda alguna, surgirán próximamente instrumentos más consolidados que permitirán un avance mayor y más seguro en todo este proceso. Basarse en ello para ir progresando, es una manera cierta de poder alcanzarlo.

3.- Oferta y demanda de caza sostenible. La tercera condición necesaria para que haya una caza sostenible, una caza natural y silvestre, es la existencia de una oferta y una demanda suficiente que la haga prosperar. Sin una oferta y una demanda bien identificada, difícilmente habrá una motivación para que pueda establecerse. Actualmente, hay muchas circunstancias que dificultan su existencia. Con todo ello, gana la artificialización de la caza y pierde la caza natural y silvestre.

Parte de la solución para que exista y aumente la demanda es **garantizar** como pura caza natural, silvestre y sostenible, la ofertada. Pero garantizar de verdad, no solo como puro eslogan de imagen y marketing. Para ello, para garantizar la oferta, hay que encontrar un conjunto de fórmulas que lo posibiliten. Algunas de las cuales pueden ser:

- Certificación cinegética sostenible.

- Asociacionismo de caza sostenible por parte de la oferta con exigencia de cumplimiento de estándares de sostenibilidad a sus asociados, lo cual facilita la identificación ante la demanda y permite controles internos sobre los asociados.

- Fórmulas de transparencia por parte de la oferta para que el cazador en cuanto usuario pueda comprobar directamente el modelo de ordenación y gestión llevado a cabo.

4.- Modelo de caza conservacionista. Formalizar la actividad cinegética y su gestión como una actividad conservacionista y actuar activamente a favor de la conservación, es una forma proactiva de posicionarse como cazadores. Al hacerlo, el cazador se identificará con un papel que siempre ha tenido la caza en sus aspectos positivos, rechazando con ello los aspectos negativos de la caza mal ejercida. Si el cazador se identifica a sí mismo como conservacionista, solo hay una manera de hacerlo y serlo correctamente: a través de la caza sostenible, rechazando todo tipo de artificialización en la caza.

PROCESO PARA ALCANZAR UNA CAZA SOSTENIBLE	
ACTUACIONES	**EFECTOS/OBJETIVOS**
Información y Formación en Caza Sostenible	• Conocimiento de la caza sostenible. • Concienciación del papel de la caza sostenible y cómo llevarlo a cabo.
Instrumentos de Caza Sostenible	• Consolidación de los diversos tipos de instrumentos de caza sostenible • Puesta en práctica de los instrumentos para alcanzar una caza sostenible
Oferta y Demanda de Caza Sostenible	• Existencia de oferta y demanda de caza sostenible • Garantizar la oferta como realmente sostenible : certificación, asociacionismo y transparencia
Modelo de Caza Conservacionista	• Caza sostenible, caza conservacionista • La caza como herramienta efectiva de conservación

Tabla 13: Proceso para alcanzar una caza sostenible

6.6.- Beneficios de la caza sostenible

¿Qué beneficios se pueden obtener al implantar un modelo de caza sostenible? A modo de resumen, siguiendo el esquema ya utilizado en otro trabajo (Covisa, 2008) y sin pretender ser exhaustivos, se pueden concretar como algunos de los más importantes los siguientes:

1. Para la caza en general:

- ➤ Caza natural, adecuadamente aprovechada, con poblaciones de especies silvestres no intervenidas ni artificializadas.

- ➤ Utilidad como herramienta positiva de conservación del medio natural.

- ➤ Correspondencia con los principios actuales de uso sostenible, conservación y ética de los recursos naturales renovables, enmarcándose con ello dentro del paradigma actual mundialmente reconocido de uso y conservación de la biodiversidad.

- ➤ En consonancia con lo anterior, mejor imagen global de la caza para la sociedad en su conjunto al considerar a esta actividad respetuosa con la conservación del medio ambiente y con los principios de sostenibilidad (ecológicos, económicos y sociales).

2. Para el cazador:

- ➤ Caza natural: piezas silvestres de calidad, genéticamente puras y comportamiento adecuado a las características naturales de su especie.

- ➤ Satisfacción íntima por la realización de una actividad cinegética correcta y adecuada a los principios de justa persecución y comportamiento ético sobre especies silvestres naturales no artificializadas.

3. Para el titular del aprovechamiento cinegético:

- ➤ Mantenimiento y aprovechamiento de caza natural.

- ➤ Reconocimiento de los titulares y acotados que cumplan con los principios de caza sostenible.

- ➤ Acceso a incentivos por promover la ordenación y gestión cinegética sostenible.

- ➤ Acceso a incentivos por generación de externalidades (conservación del medio).

- ➤ Prueba ante la sociedad y la administración de buena gestión

- ➤ Satisfacción íntima por la realización de una correcta gestión cinegética y por el reconocimiento público por ello.

4. Para la sociedad en general:

> ➢ Conservación y mejora de la biodiversidad, los hábitats y el paisaje.

6.7.- Epílogo: caza conservacionista, cazador conservacionista

La caza debe formalizar su actividad y la relación con la biodiversidad en el modelo de caza sostenible y conservacionista. Caza sostenible, caza conservacionista.

La actividad cinegética cuando ha sido utilizada a lo largo de la historia del hombre como una actividad extractiva moderada de manera sostenible en el tiempo, ha sido siempre una forma eficaz de mantenimiento de los hábitats frente otros usos más impactantes. Por el contrario, cuando ha extraído más de lo que las propias poblaciones cinegéticas podían reponer o ha actuado contra otras especies o intervenido inadecuadamente en el medio, la caza ha sido una herramienta negativa de pérdida de biodiversidad.

Hoy en día, la caza debe asumir con orgullo su papel positivo y desterrar para siempre su papel negativo. Tomar conciencia de que su función en la actualidad (además de satisfacer a nivel individual legítimas necesidades humanas utilitarias o recreativas) es ser un importante instrumento de conservación de la biodiversidad.

Si la caza toma decididamente este camino tendrá su futuro asegurado y una adecuada inserción en nuestras modernas sociedades actuales. Se encontrará a gusto consigo misma. Si la caza ahonda su insistencia en un modelo de caza artificial e insostenible, difícilmente será socialmente entendida, aceptada ni respetada. Tampoco el cazador como usuario de este modelo de caza podrá obtener la íntima satisfacción de lo que se sabe bien hecho.

REFERENCIAS BIBLIOGRÁFICAS

Adams, W. M. (2009). Sportsman's Shot, Poacher's Pot: Hunting, Local People and the History of Conservation. En *Recreational Hunting, Conservation and Rural Livelihoods: Science and Practice*, 127-140.

AENOR, Asociación Española de Normalización y Certificación (2007). *Norma UNE-EN 45020:2007 Normalización y actividades relacionadas. Vocabulario general (Guía ISO/IEC 2:2004).* Disponible en Web: http://www.aenor.es/aenor/normas/normas/fichanorma.asp?tipo=N&codigo=N0038492

Alcanda, P. (2000): *Evolución de la profesión forestal y el concepto de Gestión Forestal Sostenible.* Madrid: ETSIM, marzo 2000. Disponible en Web: http://da.montes.upm.es/seminarios/rural/hforestal.htm

Allen, C. R., Cumming, G. S., Garmestani, A. S., Taylor, P. D., y Walker, B. H. (2011). Managing for resilience. *Wildlife Biology*, 17(4), 337-349.

Ardrey, R. (1998). *La evolución del hombre: La hipótesis del cazador.* Madrid: Alianza Editorial

Armenteros, J. Á. (2014). *Aspectos más relevantes de la suplementación de agua y alimento para la caza menor: la perdiz roja (Alectoris rufa L. 1758) y el conejo de monte (Oryctolagus cuniculus L. 1758).* Tesis doctoral. Universidad de León.

Arroyo, B., Delibes-Mateos, M., Díaz-Fernández, S., y Viñuela, J. (2012). Hunting management in relation to profitability aims: red-legged partridge hunting in central Spain. *European Journal of Wildlife Research*, 58(5), 847-855.

Bacaër, N. (2011). Verhulst and the logistic equation (1838). En *A Short History of Mathematical Population Dynamics* (pp. 35-39). London: Springer

Barnes, P. M. y Hoerber, T. C. (Eds.) (2013). *Sustainable Development and Governance in Europe: The Evolution of the Discourse on Sustainability.* Routledge.

Bauer, J. J., y Giles, J. (2002). *Recreational hunting: an International perspective.* Goldcoast: CRC for sustainable tourism.

Baumgartner, C., Eser, T., Schausberger, B., y Stuppäck, S. (2006). *Sustainability Strategies in the European Union and Options for Underpinning them in the National Parliaments*. Forum Sustainable Austria. Federal Ministry of Agriculture, Forestry, Environment and Water Management. Austria.

Begon, M., Harper, J. L., y Townsend, C. R. (1999). *Ecología: individuos, poblaciones y comunidades*. Barcelona: Omega.

Bennett, G. (2004). *Integrating biodiversity conservation and sustainable use: lessons learned from ecological networks*. IUCN.

BOE, Boletín Oficial del Estado (2007). *Ley 42/2007, de 13 de diciembre, del Patrimonio Natural y de la Biodiversidad*. BOE, de 14 de diciembre de 2007, núm. 299, página 51275. Disponible en Web: http://www.boe.es/boe/dias/2007/12/14/pdfs/A51275-51327.pdf

BOE, Boletín Oficial del Estado (2011). *Real Decreto 1336/2011, de 3 de octubre, por el que se regula el contrato territorial como instrumento para promover el desarrollo sostenible del medio rural*. BOE, de 4 de octubre de 2011, núm. 239, página 104199. Disponible en Web: http://www.boe.es/diario_boe/txt.php?id=BOE-A-2011-15567

Brainerd, S. (2007). *European Charter on Hunting and Biodiversity*. Bern Convention, Council of Europe, Strasbourg. Disponible en Web: www.coe.int/t/dg4/cultureheritage/conventions/Bern/Recommendations/tpvs07erev_2007.pdf

Brunnée, J. (2009). The Stockholm declaration and the structure and processes of international environmental law. En *The future of ocean regime building: essays in tribute to Douglas M. Johnston*. Aldo Chircop, Ted McDorman, eds, 41-62.

Caldwell, L. K. (1972). *Defense of earth: international protection of the biosphere*. Indiana University Press.

Cano, C. (2005). La caza insostenible. *Ambienta*, (40), 53-56.

Carranza, J. (2004). La problemática de las especies cinegéticas en la conservación de la biodiversidad. En *Los retos medioambientales del siglo XXI*. Coedición Fundación BBVA-CSIC, 231-254.

Carson, R. (1962). *Silent spring*. Houghton Mifflin Harcourt.

Casinello, J. (2013). *La caza como recurso natural renovable y la conservación de la naturaleza*. CSIC.

Castellanos, P. R. (Ed.) (2007). *Uso eficiente y sostenible de los recursos naturales*. Universidad de Salamanca.

Caughley, G. (1977). *Analysis of Vertebrate Populations*. London: John Wiley.

Caughley, G. (1992). Utilisation and overutilisation. *Applying New Criteria for Listing Species on the CITES Appendices*, 12-18.

Caughley, G., Gunn, A., y Ralls, K. (1996). *Conservation biology in theory and practice*. Cambridge, MA: Blackwell Science.

CDB, Convenio sobre la Diversidad Biológica (2004a). *Enfoque por ecosistemas. Directrices del CDB*. Disponible en Web:https://www.cbd.int/doc/publications/ea-text-es.pdf

CDB, Convenio sobre la Diversidad Biológica (2004b): *Principios y directrices de Addis Abeba para la utilización sostenible de la diversidad biológica.* Disponible en Web: https://www.cbd.int/doc/publications/addis-gdl-es.pdf

CDB, Convenio sobre la Diversidad Biológica (2010). *Metas de Aichi*. Disponible en Web: http://www.cbd.int/doc/strategic-plan/2011-2020/Aichi-Targets-ES.pdf

Chardonnet, P., Clers, B. D., Fischer, J., Gerhold, R., Jori, F., y Lamarque, F. (2002). The value of wildlife. *Revue scientifique et technique-Office international des épizooties*, 21(1), 15-52.

CIC, International Council for Game and Wildlife Conservation (2011). Wildlife and Commercially-Bred Formerly Wild Animals (RECOMMENDATION CIC_COUNCIL_2_2011.REC01). Disponible en Web: http://www.cic-wildlife.org/uploads/media/Rec_on_Wildlife_manipulation_ EN.pdf

Clark, C. W. (1976). *Mathematical bioeconomics: the optimal management of renewable resources*. John Wiley & Sons.

COE, Consejo de Europa (1979). *Convenio relativo a la Conservación de la Vida Silvestre y del Medio Natural en Europa*. Disponible en Web: http://conventions.coe.int/Treaty/EN/Treaties/PDF/104-Spanish.pdf

COE, Consejo de Europa (2004). *Hunting and Europe's environmental balance*. Disponible en Web: http://assembly.coe.int/ASP/Doc/XrefViewHTML.asp?FileID=10698&Language=EN

COE, Consejo de Europa (2007). *Recommendation No. 128 (2007) of the Standing Committee on the European Charter on Hunting and Biodiversity, adopted by the Standing Committee on 29 November 2007.* Disponible en Web: https://wcd.coe.int/ViewDoc.jsp?id=1485597&Site

Cohen, E. (2014). Recreational hunting: ethics, experiences and commoditization. *Tourism Recreation Research*, *39*(1), 3-17.

Cooney, R. (2004). *The Precautionary Principle in Biodiversity Conservation and Natural Resource Management: An issues paper for policy-makers, researchers and practitioners.* IUCN.

Cooper, J. E. (1998). The Exploitation of Mammal Populations. *Biodiversity and Conservation*, *7*(6), 840-841.

COPANT, Comisión Panamericana de Normas Técnicas (1998). *Guía COPANT/ISO/IEC 2-1998: Normalización y actividades relacionadas. Vocabulario general.* Disponible en Web: http://www.copant.org/web/guest /normas-copant-ct-111

Covisa, J. (1998). *Ordenación cinegética: Proyectos de ordenación y Planes técnicos.* Madrid: Auryn.

Covisa, J. (2008): *Caza Sostenible: Certificación de Gestión Cinegética Sostenible.* (Memoria de Suficiencia Investigadora inédita) Doctorado en Ciencias Ambientales, Departamento de Ecología, Universidad de Alcalá. Madrid.

Covisa, J. (2010): Tema a debate: Cazadores: ¿amigos o enemigos de la biodiversidad? *Agenda Viva*, 21, 46-55. Disponible en Web: http://issuu.com/fundacionfrf/docs/n__21_otono10

De Lara, M., y Doyen, L. (2008). *Sustainable management of natural resources.* Springer.

Díaz-Fernández, S., Viñuela, J., y Arroyo, B. (2012). Harvest of red-legged partridge in central Spain. *The Journal of wildlife management*, 76(7), 1354-1363.

Díaz-Fernández, S., Arroyo, B., Casas, F., Martinez-Haro, M., y Viñuela, J. (2013). Effect of game management on wild red-legged partridge abundance. *PloS one*, 8(6), e66671.

Dickson, B., y Cooney, R. (Eds.). (2005). *Biodiversity and the precautionary principle: risk and uncertainty in conservation and sustainable use.* Routledge.

Dickson, B., Hutton, J., y Adams, B. (Eds.). (2009). *Recreational hunting, conservation and rural livelihoods: Science and practice.* John Wiley & Sons.

Dobson, J., Moufakkir, O., y Burns, P. M. (2012). Ethical issues in trophy hunting. *Controversies in tourism*, 86-98.

Drew, K. R. (1989). Intensive containment system: game farming. Wildlife Production Systems. En Hudson RJ, Drew KR, Baskin LM (eds.), *Economic Utilisation of Wild Ungulates*, 307-308.

Duffy, R. 2000. *Killing for conservation: Wildlife policy in Zimbabwe.* Bloomington, IN: Indiana University Press.

Elcome, D. (1998). *Natural Resources.* Nelson Thornes.

Elmberg, J., Nummi, P., Pöysä, H., Sjöberg, K., Gunnarsson, G., Clausen, P., y Väänänen, V. M. (2006). The scientific basis for new and sustainable management of migratory European ducks. *Wildlife biology*, 12(2), 121-127.

ELO, European Landowners Organization (2008). *Wildlife Estate initiative.* Disponible en Web: http://www.europeanlandowners.org/files/pdf/WildlifebrochureEN.pdf

ELO, European Landowners Organization (2009). *Iniciativa Explotaciones Faunísticas.* Disponible en Web: http://www.europeanland owners.org/files/cside/nov/cs122%20es.pdf

FACE, European Federation of Associations for Hunting and Conservation (2014). *A New Vision for the Birds Directive & the Positive Role of Hunting.* Disponible en Web:http://www.face.eu/sites/default/files/attachments/agenda_-_a_new_vision_for_the_birds_directive_3.pdf

Fernández de Gatta, D. (2008). Política ambiental de la Unión Europea. En *Observatorio de políticas ambientales 2008* (pp. 55-82). Editorial Aranzadi.

Fetene, A., Yeshitela, K., y Desta, H. (2012). Approaches to Conservation and Sustainable Use of Biodiversity-A Review. *Nature and Science*, 10(12), 51-62.

Fischer, A., Kereži, V., Arroyo, B., Mateos-Delibes, M., Tadie, D., Lowassa, A., y Skogen, K. (2013). (De) legitimising hunting–Discourses over the morality of hunting in Europe and eastern Africa. *Land Use Policy*, 32, 261-270

Forstner, M., Reimoser, F., Hackl, J. y Heckl, F. (2003): *Criteria and Indicators of Sustainable Hunting.* Monographs of the Umweltbundesamt No. 158. English translation of M-158. Umweltbundesamt, Vienna. Disponible en Web: http://www.biodiv.at/chm/jagd.

Forstner, M., Reimoser, F., Hackl, J. y Heckl, F. (2006): *Sustainable Hunting. Principles, Criteria and Indicators.* Disponible en Web: http://www.biodiv.at/chm/jagd.

Freese, C. H. (Ed.). (1997). *Harvesting wild species: implications for biodiversity conservation.* Baltimore, Maryland: Johns Hopkins University Press.

Gálvez-Bravo, L., y Cassinello, J. (2013). Gestión cinegética y conservación: aspectos ecológicos, problemáticas y retos de futuro. *Ecosistemas, 22*(2), 1-5

Gardner, R. C., y Davidson, N. C. (2011). The Ramsar convention. En *Wetlands: Integrating Multidisciplinary Concepts* (pp. 189-203). Springer Netherlands.

Gerrodette, T., y DeMaster, D. P. (1990). Quantitative determination of optimum sustainable population level. *Marine Mammal Science, 6*(1), 1-16.

Getz, W. M., y Haight, R. G. (1989). *Population harvesting: demographic models of fish, forest, and animal resources.* Princeton University Press.

Gibboney, C. N. (1949). The United Nations Scientific Conference for the Conservation and Utilization of Resources. *Science, 110*(2869), 675-678.

Glowka, L., Burhenne-Guilmin, F., y Synge, H. (1994). *Guide to the convention on biological diversity.*

Gómez, J. (2005): *La ciencia forestal: del rendimiento sostenido a la gestión sostenible.* Zaragoza: IV Congreso Forestal Español, 26 al 30 de septiembre de 2005. Disponible en Web: http://www.uam.es/personal_pdf/filoyletras/gomezmen/documentos/JGM_2005 la_ciencia_forestal_congreso_zaragoza.pdf

Gordon, H. S. (1954). The economic theory of a common-property resource: the fishery. *The Journal of Political Economy*, 124-142.

Gunn, A. S. (2001): Environmental ethics and trophy hunting. *Ethics & the Environment*, 6 (1), pp. 68-95.

Gutiérrez, J. E. (2013). El potencial de las sociedades de cazadores como herramienta de conservación en España. *Ecosistemas*, 22(2), 104-106.

Hames, R. (2007). Game conservation or efficient hunting. *Evolutionary perspectives on environmental problems, 53*.

Hanks, E. H., y Hanks, J. L. (1969). Environmental Bill of Rights: The Citizen Suit and the National Environmental Policy Act of 1969, An. *Rutgers L. Rev.*, *24*, 230.

Harris, M. (2014) *Antropologia Cultural*. Madrid: Alianza Editorial.

Harris, J. M. y Roach, B. (2013). *Environmental and natural resource economics: A contemporary approach*. ME Sharpe.

Holling, C. S. (ed.) (1978). *Adaptive Environmental Assessment and Management*. Chichester: Wiley

Hutton, J. M., y Leader-Williams, N. (2003). Sustainable use and incentive-driven conservation: realigning human and conservation interests. *Oryx*, *37*(02), 215-226.

Ireland, L. J. (2002). Canning Canned Hunts: Using State and Federal Legislation to Eliminate the Unethical Practice of Canned Hunting. *Animal L.*, 8, 223.

Ishwaran, N. (2012). Science in intergovernmental environmental relations: 40 years of UNESCO's Man and the Biosphere (MAB) Programme and its future. *Environmental Development*, *1*(1), 91-101.

Jenkins, R. W. (2009). Recreational Hunting as a Conservation Tool: Successes, Failures and Challenges. *Ecologic and Economic Benefits of Hunting*, *14*, 63.

Johnson, S. P. (1993). *The Earth Summit: The United Nations Conference on Environment and Development (UNCED)*. London: Graham & Trotman.

Judex, N. (2009). Canned hunting and the fair chase principle: not the law reports. *Without Prejudice*, 9(7), 34-34.

Lasén, C. (2010). The Bern Convention: 30 Years of Nature Conservation in Europe. *Review of European Community and International Environmental Law (RECIEL)*, 19(2), 185-196.

Leader-Williams, N. (2008). *Harvesting theory and its relevance to making non-detriment findings*. International Expert Workshop on CITES Non-Detriment Findings, Plenary Presentation 3, Cancun, Mexico, November

17th to 22nd, 2008. Disponible en Web: http://www.conabio.gob.mx/institucion/cooperacion_internacional/TallerNDF/Links-Documentos/PlenaryPresentations/P3%20NigelLeaderWilliams-HarvestingTheory.pdf

Leader-Williams, N. (2009). Conservation and hunting: friends or foes. En *Recreational hunting, conservation, and rural livelihoods*, 9-24.

Leader-Williams, N. (2013). Fate riding on their horns—and genes? *Oryx,* 47(03), 311-312.

Leopold, A. (1933). *Game management.* C. Scribner's Sons

Lindsey, P. A., Alexander, R., Frank, L. G., Mathieson, A., y Romanach, S. S. (2006). Potential of trophy hunting to create incentives for wildlife conservation in Africa where alternative wildlife-based land uses may not be viable. *Animal Conservation*, 9(3), 283-291.

Lindsey, P. A., Frank, L. G., Alexander, R., Mathieson, A., y Romanach, S. S. (2007). Trophy hunting and conservation in Africa: problems and one potential solution. *Conservation biology*, 21(3), 880-883.

Loveridge, A. J., Reynolds, J. C., y Milner-Gulland, E. J. (2007). Does sport hunting benefit conservation? *Key topics in conservation biology*, 1, 222.

Lozano, B. (2012). *Derecho ambiental administrativo.* Librería-Editorial Dykinson.

Lucio, A. (2002). Caza y conservación de la naturaleza. Nuevas tendencias en ordenación cinegética. En Lucio, A. y Sáenz de Buruaga, M. (Eds), *Aportaciones a la gestión sostenible de la caza en España.* FEDENCA-EEC, Madrid, 295-312.

Marvin, G. (2010). Challenging animals: Project and process in hunting. En *Nature and culture: Rebuilding lost connections*, 145-159.

Marvin, G. (2013). Exploring the Cultural Values Expressed in Hunting and Fishing. *Society and Animals* 21 (4):418-419.

McCormick, J. (1986). The origins of the world conservation strategy. *Environmental History Review*, 10(3), 177-187.

Meadows, D. H., Goldsmith, E. I., y Meadow, P. (1972). *The limits to growth* (Vol. 381). London: Earth Island Limited.

Mills, L. S. (2012). *Conservation of wildlife populations: demography, genetics, and management.* John Wiley & Sons.

Milner-Gulland, E. J., Bunnefeld, N., y Proaktor, G. (2009). The science of sustainable hunting. En *Recreational hunting, conservation and rural livelihoods.* Oxford: Wiley-Blackwell, 75-93.

Milner-Gulland, E. J., y Mace, R. (2009). *Conservation of biological resources.* John Wiley & Sons.

Molles, M. C. (2006). *Ecología: conceptos y aplicaciones.* Madrid: McGraw-Hill Interamericana.

Mulero, A. (2013). El paisaje forestal-cinegético en Sierra Morena: una lectura geográfica. *Cuadernos Geográficos, 52*(1), 108-128.

Nichols, J. D., Runge, M. C., Johnson, F. A., y Williams, B. K. (2007). Adaptive harvest management of North American waterfowl populations: a brief history and future prospects. *Journal of Ornithology*, 148(2), 343-349.

Olivart, Marqués de (1906). *Colección de los Tratados, Convenios y Documentos Internacionales celebrados por nuestros gobiernos con los estados extranjeros desde el reinado de doña Isabel II hasta nuestros días.* Tomo V, 1900–1902. Madrid: Revista de Derecho Internacional y Política Exterior.

ONU, Organización de las Naciones Unidas (1968a). *Resolución 1346 (XLV). Cuestión de la convocación de una conferencia internacional sobre los problemas del medio humano.* Disponible en Web: http://daccess-dds-ny.un.org/doc/RESOLUTION/GEN/NR0/592/83/IMG/NR059283.pdf?OpenElement

ONU, Organización de las Naciones Unidas (1968b). *Resolución 2398 (XXIII). Problemas del medio humano.* Disponible en Web: http://daccess-dds-ny.un.org/doc/RESOLUTION/GEN/NR0/247/12/IMG/NR024712.pdf?OpenElement

ONU. Organización de las Naciones Unidas (1982). *Carta Mundial de la Naturaleza. Resolución, 37/7, 28 de octubre de 1982.* Disponible en Web: http://www.un.org/es/comun/docs/?symbol=A/RES/37/7&Lang=S

Origgi, L. F. (1983). *Recursos naturales.* Euned.

Ortega, J. (1943). Sobre la caza. Prólogo a Veinte años de caza mayor. En Conde de Yebes, *Veinte años de caza mayor.* Madrid: Editorial Plus-Ultra.

PACE, Parlamientary Assembly Council of Europe (1987). Resolution 882/1987: Importance of shooting for Europe's rural regions. Disponible en Web: http://assembly.coe.int/nw/xml/XRef/X2H-Xref-ViewPDF.asp?FileID=16293&lang=en

PACE, Parlamientary Assembly Council of Europe (2004). Recommendation 1689/2004: Hunting and Europe's environmental balance. Disponible en Web:http://assembly.coe.int/Documents/Adopted Text/ta04/EREC1689.htm

Paulson, N. (2009). *Sustainable Hunting: The Production of Governable Space Through Global Civil Society*. ProQuest.

Paulson, N. (2012). The place of hunters in global conservation advocacy. *Conservation and Society*, *10*(1), 53.

Peterson, M. N. (2004). An approach for demonstrating the social legitimacy of hunting. *Wildlife Society Bulletin*, *32*(2), 310-321.

Prins, H. H., Grootenhuis, J. G., y Dolan, T. T. (2000). *Wildlife conservation by sustainable use*. Kluwer Academic Publishers.

Putman, R., Apollonio, M., y Andersen, R. (Eds.). (2011). *Ungulate management in Europe: problems and practices*. Cambridge University Press.

Regan, T. (2001): *Defending Animal Rights*. University of Illinois Press

Rengifo, J. I. (2010). Caza y turismo cinegético como instrumentos para la conservación de la naturaleza. *Anales de Geografía de la Universidad Complutense*, 30 (2), 163-186.

Rosser, A. M., Tareen, N., y Leader-Williams, N. (2005). The precautionary principle, uncertainty and trophy hunting: a review of the Torghar population of central Asian Markhor Capra falconeri. En *Biodiversity and the Precautionary Principle: Risk and Uncertainty in Conservation and Sustainable Use*, 55-72.

Roszak, T. (1969). *The making of a counter culture*. Garden City, NY: Anchor.

Roth, H. H., y Merz, G. (Eds.). (1997). *Wildlife resources: a global account of economic use*. Springer.

Rothschild, B. J., y Jiao, Y. (2013). Comparison between maximum sustained yield proxies and maximum sustained yield. *The Open Fish Science Journal*, *6*, 1-9.

Ruiz, J. (2000). Ganadería cinegética. En *Globalización medioambiental: perspectivas agrosanitarias y urbanas: Actas del I Congreso Internacional de Veterinaria y Medio Ambiente: Madrid, octubre 1998* (pp. 355-359). Secretaría General Técnica.

Sabine, E.; Schreiber, G., Bearlin, A. R., Nicol, S. J., y Todd, C. R. (2004). Adaptive management: a synthesis of current understanding and effective application. *Ecological Management & Restoration*, 5(3), 177-182.

Sæther, B. E., Engen, S., y Lande, R. (1996). Density-dependence and optimal harvesting of fluctuating populations. *Oikos*, 40-46.

Sands, P., y Peel, J. (2012). *Principles of international environmental law.* Cambridge: University Press.

Schellnhuber, H. J. (2001). *World in Transition: Conservation and Sustainable use of the Biosphere.* Earthscan.

Sepúlveda, S. (1998). *Manejo eficiente de los recursos naturales renovables.* San José: IICA.

Simmons, I. G. (1974). Ecology of natural resources. En *Ecology of natural resources.* Edward Arnold.

Singer, P. (1995): *Animal Liberation.* London, Pimlico.

Skalski, J. R., Ryding, K. E., y Millspaugh, J. (2010). *Wildlife demography: analysis of sex, age, and count data.* Academic Press.

Skonhoft, A. (2013). Hunting and exploitation of terrestrial animal species. En J. Shogren (Ed.): *Encyclopedia of Energy, Natural Resource and Environmental Economics.* Elsevier.

Stewart, R. E., Desai, A., y Walters, L. C. (2011). *Wicked environmental problems: managing uncertainty and conflict.* Island Press.

Swanson, T. (2013). *Global action for biodiversity: an international framework for implementing the convention on biological diversity.* Routledge.

Treves, A. (2009). Hunting for large carnivore conservation. *Journal of Applied Ecology*, 46(6), 1350-1356.

UE, Unión Europea (1979). *Directiva 79/409/CEE del Consejo, de 2 de abril de 1979, relativa a la conservación de las aves silvestres.* Disponible en Web: http://eur-lex.europa.eu/legal-content/ES/TXT/?qid=1412156354120&uri =CELEX:31979L0409

UE, Unión Europea (1992a). Directiva 92/43/CEE del Consejo, de 21 de mayo de 1992, relativa a la conservación de los hábitats naturales y de la fauna y flora silvestres. Disponible en Web: http://eur-lex.europa.eu/legal-content/ES/TXT/HTML/?uri=CELEX:31992L0043&&from=ES

UE, Unión Europea (1992b). *Tratado de la Unión Europea, firmado en Maastricht el 7 de febrero de 1992*. Disponible en Web: http://eur-lex.europa.eu/legal-content/ES/TXT/?uri=OJ:C:1992:191:TOC

UE, Unión Europea (2001a). *Desarrollo sostenible en Europa para un mundo mejor: Estrategia de la Unión Europea para un desarrollo sostenible*. Bruselas. Disponible en Web:http://europa.eu/legislation_summaries/environment/sustainable_development/l28117_es.htm

UE, Unión Europea (2001b). *Sustainable Hunting Initiative*. Disponible en Web: http://ec.europa.eu/environment/nature/conservation/wildbirds/hunting/index_en.htm

UE, Unión Europea (2002). *Workshop on sustainable hunting in and around the Natura 2000 network*. Disponible en Web: http://ec.europa.eu/environment/nature/conservation/wildbirds/hunting/docs/report_green_week_en.pdf

UE, Unión Europea (2004). *Agreement between BirdLife International and FACE on Directive 2009/147/EC*. Disponible en Web: http://ec.europa.eu/environment/nature/conservation/wildbirds/hunting/docs/agreement_en.pdf

UE, Unión Europea (2008a): *Documento orientativo sobre la caza de conformidad con la Directiva 79/409/CEE del Consejo relativa a la conservación de las aves silvestres*. Disponible en Web: http://ec.europa.eu/environment/nature/conservation/wildbirds/hunting/docs/hunting_guide_es.pdf

UE, Unión Europea (2008b). *Medio ambiente: presentación oficial de la guía de la UE sobre la caza sostenible de aves silvestres*. Disponible en Web: http://europa.eu/rapid/press-release_IP-09-398_es.htm?locale=FR

UE, Unión Europea (2009a). *Incorporación del desarrollo sostenible en las políticas de la UE: informe de 2009 sobre la estrategia de la Unión Europea para el desarrollo sostenible*. Bruselas. Disponible en Web: http://eur-

lex.europa.eu/legal-content/ES/ALL/;ELX_SESSIONID=C6BqJGRdB
Kllj2GmpPvVrTb1VswT7pYlmGJBL1RWGdGcBkyGWNVG!28309938
7?uri=CELEX:52009DC0400

UE, Unión Europea (2009b). *Promoting Natura 2000 & Sustainable Wildlife Use.* Disponible en Web: http://www.facenatura2000.net/conference_en.htm

UE, Unión Europea (2009c). *Promoting Natura 2000 & Sustainable Wildlife Use. Conference conclusions and recommendations.* Disponible en Web: http://www.facenatura2000.net/conference%202009/conclusions%20and%20recommendations.Natura2000%20&%20wildlife%20use%20conference.pdf

UICN, Unión Internacional para la Conservación de la Naturaleza (1980). *World conservation strategy: Living resource conservation for sustainable development.* IUCN, Gland, Switzerland.

UICN, Unión Internacional para la Conservación de la Naturaleza (2000). *Declaración de política de la UICN acerca del uso sostenible de los recursos vivos silvestres.* Congreso Mundial de la Naturaleza, Amman. Resolución 2.29. Disponible en Web: https://portals.iucn.org/library/sites/library/files/resrecfiles/WCC_2000_RES_29_ES.pdf

UICN, Unión Internacional para la Conservación de la Naturaleza (2004). *Resolución 3.093, Aplicación de la Política de la UICN sobre uso sostenible al uso consuntivo de la fauna silvestre y la caza recreativa en África meridional.* Congreso Mundial de la Naturaleza, Bangkok, 2004. Disponible en Web: https://portals.iucn.org/library/sites/library/files/resrecfiles/WCC_2004_REC_93_ES.pdf

UICN, Unión Internacional para la Conservación de la Naturaleza (2006). *Guidelines on Sustainable Hunting in Europe.* Disponible en Web

UICN, Unión Internacional para la Conservación de la Naturaleza (2008). *Resolución 4.026, Fomento de la confianza para la conservación de la biodiversidad y la utilización sostenible en consonancia con la Carta Europea sobre Caza y Biodiversidad.* Congreso Mundial de la Naturaleza, Barcelona, 2008. Disponible en Web:http://intranet.iucn.org/webfiles/doc/IUCNPolicy/Resolutions/2008_

WCC_4/Spanish/RES/res_4_026_fomento_de_la_confianza_para_la_co nservaci%C3%B3n_de_la_bi.pdf

UICN, Unión Internacional para la Conservación de la Naturaleza (2012). *Directrices de la Comisión de Supervivencia de Especies (CSE) de la UICN sobre la caza de trofeos como un instrumento para crear incentivos para la conservación.* Ver. 1.0. IUCN, Gland. Traducción del texto original inglés por el CIC. Disponible en Web: https://cmsdata.iucn.org/downloads/iucn_ssc_ guiding_principles_on_trophy_hunting_spanish.pdf

Ulloa, J., y Rodríguez, J. (2010). El modelo logístico: Una alternativa para el estudio del crecimiento poblacional de organismos. *REDVET. Revista Electrónica de Veterinaria, 11*(3).

Vargas, J. M. (2009). *Perdices de colores.* Madrid: Otero Ediciones.

Verhulst, P. (1838). Notice sur la loi que la population poursuit dans son accroissement. *Correspondence Mathematique et Physique, 10*, 113-121.

Walters, C. J. (1986). *Adaptive Management of Renewable Resources.* New York, NY: Mc Graw Hill

Waltner-Toews, D., Kay, J. J., y Lister, N. M. E. (Eds.). (2008). *The ecosystem approach: complexity, uncertainty, and managing for sustainability.* Columbia University Press.

Ward, B., y Dubos, R. (1972). *Only one earth. The care and maintenance of a small planet.* Harmondsworth: Penguin Books Ltd.

WCED, World Commission on Environment and Development (1987). *Our common future.* Oxford: Oxford University Press.

Weinbaum, K. Z., Brashares, J. S., Golden, C. D., y Getz, W. M. (2013). Searching for sustainability: are assessments of wildlife harvests behind the times? *Ecology letters, 16*(1), 99-111.

Wijnstekers, W. (2003). *The evolution of CITES.* CITES Secretariat.

Williams, B. K. (2011). Adaptive management of natural resources— framework and issues. *Journal of Environmental Management, 92*(5), 1346-1353.

Wunder, S. (2005): *Payments for Environmental Services: Some nuts and bolts.* CIFOR, Occasional Papers 42.

Zai-rong, X. U. (2006). A Review of the 1992 United Nations Conference on Environment and Development. *Journal of Historical Science, 6*, 011.

www.ingramcontent.com/pod-product-compliance
Lightning Source LLC
Chambersburg PA
CBHW081359270326
41930CB00015B/3351